普速铁路线岔设备主要技术标准汇编

《普速铁路线岔设备主要技术标准汇编》编委会　编

中国铁道出版社有限公司

2025 年·北 京

内 容 简 介

本书对63个涉及普速铁路线岔设备的标准、标准性技术文件和国铁集团技术规章等进行了梳理、摘录,同时结合实际提出了25条未纳入规范、标准的专业管理意见。全书分线路、道岔两篇。线路篇内容包括轨道类型、轨道选型、平纵断面、钢轨及联结零件、扣件、轨枕、道床、无缝线路、轨道加强设备、轨道附属设备、行车设备结合部;道岔篇内容包括道岔类型、道岔选型、道岔统型、道岔平纵断面、道岔组件、无缝道岔、结合部。

本书可供普速铁路线岔管理人员和专业技术人员、岗位作业人员参考,还可作为线岔修理工作培训资料。

图书在版编目(CIP)数据

普速铁路线岔设备主要技术标准汇编 /《普速铁路线岔设备主要技术标准汇编》编委会编. -- 北京 : 中国铁道出版社有限公司, 2025. 8. -- ISBN 978-7-113-32497-1

Ⅰ. U225. 4-65

中国国家版本馆 CIP 数据核字第 2025E25Z61 号

书　　名: 普速铁路线岔设备主要技术标准汇编
作　　者:《普速铁路线岔设备主要技术标准汇编》编委会

责任编辑: 赵昱萌　　**编辑部电话:** (010)51873626
封面设计: 郑春鹏
责任校对: 安海燕
责任印制: 赵星辰

出版发行: 中国铁道出版社有限公司(100054,北京市西城区右安门西街8号)
网　　址: https://www.tdpress.com
印　　刷: 天津嘉恒印务有限公司
版　　次: 2025年8月第1版　2025年8月第1次印刷
开　　本: 880 mm×1 230 mm　1/32　**印张:** 7.25　**字数:** 156千
书　　号: ISBN 978-7-113-32497-1
定　　价: 68.00元

前　言

普速铁路线岔设备是工务设备维护工作的重要组成部分，管理过程涉及庞大的标准体系，相关从业人员应深刻认知工务是技术。从事普速铁路线岔设备管理的有关人员应具备学习技术规章、掌握技术标准、运用技术政策、解决技术问题的履职能力。

为规范普速铁路线岔设备建造、修理标准，提升从事普速铁路线岔维护工作人员的管理水平，提高专业技术人员专业素养和操作技能人员技术水平，中国铁路沈阳局集团有限公司工务部结合实际组织人员对 63 个涉及普速铁路线岔设备的标准、标准性技术文件和国铁集团技术规章进行了梳理，同时结合实际提出了 25 条未纳入规范、标准的专业管理意见，形成汇编并命名为《普速铁路线岔设备主要技术标准汇编》。

本书分线路、道岔两篇。线路篇内容包括轨道类型、轨道选型、线路平纵断面、钢轨及联结零件、扣件、轨枕、道床、无缝线路、轨道加强设备、轨道附属设备、行车设备结合部；道岔篇内容包括道岔类型、道岔选型、道岔统型、道岔平纵断面、道岔组件、无缝道岔、结合部。本书可供工务段、工务机械段开展普速铁路线岔设备质量管理，可为管理和专业技术人员提供指导，也可为现场设备检查、修理和工程介入提供参考，还可作为线岔修理工作的培训资料。

本书由中国铁路沈阳局集团有限公司工务部，中铁九局集团有限公司勘察设计院，中国铁路沈阳局集团有限公司白城工务段、长春工务段、沈阳工务段、大连工务段、通辽工务段等单位的相关人员共同编写。姜军主持编写工作；姜军、杜焕文、于川钦、王轶群、李启涛、段秀广、卢春浩、牟泉有执笔编写；通辽工务段吴乐，大连工务段刘树斌、徐林、张军利、马圣杰、陈仲凯，白城工务段郑伟大，沈阳工务段沈立平、李宇宁，通化工务段朱德生，长春工务段姚泽民，大连电务段陈强，中国铁路沈阳局集团有限公司职工培训基地潘莹莹、电务部张艳敏等参与了编写工作。

杨忠吉、朱新伟为编写提供了技术指导，孟繁国、卢海义、高玉宝、邱原、韩秀涛、朱守权、孙杨、姜云鹏、张华兴、李双辉、袁奎明、贺立伟、刘帅、于涌智、王海涛、贾连振、杨旭、范鹏宇、李品、袁泉、丁鹏、杨卓、吴优、任弘扬、陈海全、赵鑫等审查专家提出了宝贵的修改意见，为本书顺利编写给予了指导和帮助。中国铁路沈阳局集团有限公司大连电务段王健，沈阳高铁基础设施段宋臣祥，大连工务段李阔、尹湛文，白城工务段闫峰、张旭、王硕、汤海博、刘健奇、武萧文，通辽工务段陈立、王春骁，中铁九局集团有限公司勘察设计院陆少华等同志为编写过程中的资料收集提供了支持与帮助。在此，对为本书顺利出版而辛苦付出的有关人员和单位的大力支持表示衷心感谢。

本书相关内容涉及的标准、规章等具有时效性，读者阅读时以现行标准、规章为准。由于编者水平有限，书中不足之处，敬请批评指正。

编委会

2025 年 3 月

出 版 说 明

1. 本书涉及不同类型的规章和标准,为保证能正确理解原条文,采用原版格式排版,表号、图号、公式号等均与原版保持一致。

2. 本书所汇编的技术标准、文件等一般以条为单位展示,与普速铁路关联较小的内容,文字部分做了省略处理,表格部分有省略的,在原表题中增加了“(节选)”。

3. 标准名称及编号和/或发文号等信息统一采用铺灰处理。

4. 正文中的专业管理意见采用加方框处理。

5. 由汇编作者增加的图,未另编写图号,其为组图的,另增加楷体图题。

目　录

线路篇

第一章　轨道类型 ……………………………………………… 3
第二章　轨道选型 ……………………………………………… 5
第三章　线路平纵断面 ………………………………………… 13
　第一节　基本规定 ………………………………………… 13
　第二节　一般规定 ………………………………………… 14
　第三节　平面规定 ………………………………………… 23
　第四节　纵断面规定 ……………………………………… 36
第四章　钢轨及联结零件 ……………………………………… 50
第五章　扣　　件 ……………………………………………… 56
　第一节　相关定义 ………………………………………… 56
　第二节　扣件适用范围 …………………………………… 57
　第三节　弹条Ⅰ型扣件 …………………………………… 58
　第四节　弹条Ⅱ型扣件 …………………………………… 62
　第五节　弹条Ⅲ型扣件 …………………………………… 66
　第六节　小阻力扣件 ……………………………………… 67
　第七节　弹条扣件相关组件 ……………………………… 69
第六章　轨　　枕 ……………………………………………… 72
第七章　道　　床 ……………………………………………… 78
　第一节　有砟道床 ………………………………………… 78
　第二节　无砟道床 ………………………………………… 84

第八章　无缝线路 …… 94
第一节　基本规定 …… 94
第二节　设计锁定轨温 …… 95
第三节　长轨条布置 …… 96
第四节　位移观测桩布置 …… 99
第九章　轨道加强设备 …… 101
第十章　轨道附属设备 …… 103
第十一章　行车设备结合部 …… 107
第一节　信号及轨道电路 …… 107
第二节　驼　　峰 …… 116
第三节　车辆检测、探测设备 …… 123
第四节　其他结合部设备 …… 128

道　岔　篇

第一章　道岔类型 …… 137
第二章　道岔选型 …… 138
第三章　道岔统型 …… 141
第四章　道岔平纵断面 …… 147
第五章　道岔组件 …… 151
第一节　钢　　轨 …… 151
第二节　尖　　轨 …… 154
第三节　护　　轨 …… 155
第四节　辙　　叉 …… 157
第五节　配　　件 …… 169
第六节　岔　　枕 …… 175
第七节　道　　床 …… 176
第六章　无缝道岔 …… 178
第七章　结 合 部 …… 182

第一节　转换设备 …… 182
第二节　融雪装置 …… 197
第三节　绝缘及轨道电路 …… 199

附录一　专业管理意见解读 …… 204
附录二　引用规章标准目录 …… 212
附录三　一心扑在线路上、一丝不苟严要求、一分钱掰成两半花——孙家精神 …… 217
附录四　不等不靠、苦干实干——三十三精神 …… 218
后记 …… 219

线 路 篇

第一章 轨道类型

轨道是重要的受力结构，由道床及其上部组件构成。轨道可按道床形式、钢轨连接形式、运营情况等分类。

一、轨道的定义

《铁路工程术语标准》(GB/T 50262—2024)

5.1.1 轨道：路基、桥梁、隧道等线下结构物以上的线路部分，由钢轨及配件、轨枕及扣件、道床、道岔及钢轨伸缩调节器等组成。

二、轨道类型的定义

《铁路工程术语标准》(GB/T 50262—2024)

5.1.3 轨道类型：根据通过总重及行车速度划分的不同轨道等级，包括特重型、重型、次重型、中型和轻型轨道。

三、有砟轨道的定义

《铁路工程术语标准》(GB/T 50262—2024)

5.1.25 有砟轨道：采用碎石等散粒体及轨枕为轨下基础的轨道结构。

四、无砟轨道的定义

《铁路工程术语标准》(GB/T 50262—2024)

5.2.1 无砟轨道:以混凝土等整体结构为轨下基础的轨道结构。

五、无缝线路的定义

《铁路线路词汇》(GB/T 36505—2018)

5.1 无缝线路:钢轨连续焊接或胶接超过两个伸缩区长度的轨道。

六、跨区间无缝线路的定义

《铁路线路词汇》(GB/T 36505—2018)

5.6 跨区间无缝线路:长轨条长度跨越两个或更多区间,且车站正线上采用无缝道岔的无缝线路。

第二章　轨道选型

根据运营情况、铁路等级等实际情况合理选择轨道类型，有利于减少轨道病害、降低修理投入、延长维护周期。

一、钢轨轨型及线路类型选择的规定

《铁路技术管理规程（普速铁路部分）》（TG/01—2014）（铁总科技〔2014〕172号）

第41条　新建、改建铁路正线采用60 kg/m钢轨的跨区间无缝线路，重载铁路正线宜采用60 kg/m及以上类型钢轨的无缝线路。

设计速度120 km/h以上铁路正线有砟轨道应采用Ⅲ型轨枕和与轨枕配套的弹条扣件、一级碎石道砟。

《铁路轨道设计规范》（TB 10082—2017）

3.1.1　铁路正线应按跨区间无缝线路设计，重载铁路正线亦可按区间无缝线路设计。……

二、铁路等级的规定

《铁路线路设计规范》（TB 10098—2017）

3.0.2　铁路等级应根据其在路网中的作用、性质、设计速度和客货运量确定，分为高速铁路、城际铁路、客货共线铁路、重载铁路。……客货共线铁路分为Ⅰ、Ⅱ、Ⅲ、Ⅳ级，其划分应符合下列规定：

1 Ⅰ级铁路　铁路网中起骨干作用的铁路，或近期年客货运量大于或等于 20 Mt 者。

2 Ⅱ级铁路　铁路网中起联络、辅助作用的铁路，或近期年客货运量小于 20 Mt 且大于或等于 10 Mt 者。

3 Ⅲ级铁路　为某一地区或企业服务的铁路，近期年客货运量小于 10 Mt 且大于或等于 5 Mt 者。

4 Ⅳ级铁路　为某一地区或企业服务的铁路，近期年客货运量小于 5 Mt 者。

三、轨道结构基本规定

《铁路轨道设计规范》(TB 10082—2017)

3.1.2　……客货共线铁路宜采用有砟轨道，并应符合下列规定：

1 长度超过 1 km 的隧道及隧道群宜采用无砟轨道。

2 活动断裂带、地面严重沉降区、冻结深度较大且地下水位较高的季节性冻土区及深厚层软土等变形不易控制的特殊地质条件地段，宜采用有砟轨道。

3 同种类型的轨道结构应集中成段铺设，无砟轨道与有砟轨道之间应设置轨道结构过渡段。

四、双线铁路轨道技术标准基本规定

《铁路轨道设计规范》(TB 10082—2017)

3.1.3　当双线铁路的轻、重车方向年通过总质量有显著差别时，其轻、重车线应按年通过总质量、设计轴重分别确定轨道技术标准。

五、轨道防、排水基本规定

《铁路轨道设计规范》(TB 10082—2017)

3.1.6　轨道设计应满足结构防、排水要求，寒冷和严寒地区应采取防冻融措施，并做好与相关专业防排水系统的衔接。

六、正线有砟轨道设计规定

《铁路轨道设计规范》(TB 10082—2017)

5.1.1　正线有砟轨道设计标准宜根据铁路等级和运营条件按表5.1.1的规定选用。

七、无砟轨道一般规定

《铁路轨道设计规范》(TB 10082—2017)

6.1.1　无砟轨道结构选型应符合下列规定：

3　客货共线铁路、重载铁路隧道内无砟轨道可采用弹性支承块式、双块式、轨枕埋入式等结构形式。

6.1.2　无砟轨道应采用配套弹性扣件。……客货共线铁路及重载铁路扣件间距不宜大于625 mm，特殊情况下超过以上限值时，应进行设计检算，且不宜连续设置。

6.1.3　无砟轨道与有砟轨道间应设置过渡段，不同轨道结构间宜设置轨道过渡段。

6.1.4　轨道结构应根据线下基础和环境条件设置性能良好的防排水系统，严寒地区排水设计应考虑防冻融要求。

表 5.1.1　正线有砟轨道设计标准

项目				单位	高速铁路	城际铁路			客货共线铁路				重载铁路				
									Ⅰ级铁路			Ⅱ级铁路					
运营条件	年通过总质量			Mt	—	—	—	—	≥20			10~20	>250	101~250		40~100	
	列车轴重 P			t	≤17	≤17	≤17	≤17	≤25	≤25	≤25	≤25	25~30	30	27、25	30	27、25
	旅客列车设计速度 V_K			km/h	≥250	200	160	120	200	160	120	≤120	—	—	—	—	—
	货物列车设计速度 V_H			km/h	—	—	—	—	≤120	≤120	≤80	≤80	≤100	≤100	≤100	≤100	≤100
轨道结构	钢轨			kg/m	60	60	60	60	60	60	60	60/50	75	75/60	60	60	60
	扣件			—	弹条Ⅳ或Ⅴ型	弹条Ⅱ、Ⅲ、Ⅳ、Ⅴ型	弹条Ⅱ或Ⅲ型	弹条Ⅱ或Ⅲ型	弹条Ⅱ、Ⅲ、Ⅳ或Ⅴ型	弹条Ⅱ或Ⅲ型	弹条Ⅱ或Ⅲ型	弹条Ⅱ或Ⅰ型	与轨枕匹配的弹性扣件				
	混凝土枕	型号		—	Ⅲ	Ⅲ	Ⅲ	Ⅲ	Ⅲ	Ⅲ	Ⅲ或新Ⅱ	Ⅲ或新Ⅱ	满足设计轴重要求的混凝土轨枕				
		间距		mm	600	600	600	600	600	600	600或570	600或570	600	600	600	600	600
	道床厚度及材质	土质路基（双层道床）	面砟	cm	—	—	30	25	—	30	30	25	35	35	30	35	30
			底砟	cm	—	—	20	20	—	20	20	20	20	20	20	20	20
		土质路基（单层道床）	道砟	cm	35	30	30	30	30	30	30	30	35	35	35	35	30
		硬质岩石路基、隧道	道砟	cm	35	35	30	30	35	35	35	30	35	35	35	35	35
		桥梁	道砟	cm	35	35	30	30	35	30	25	25	35	35	35	35	35
		道砟材质	面砟	—	特级	特/一级	一级	一级	特/一级	一级	一级	一级	特级	特/一级	特/一级	一级	一级

专业管理意见1：活动断裂带、地面严重沉降区、冻结深度较大且地下水位较高的季节性冻土区及深厚层软土等变形不易控制的特殊地质条件地段，不应采用无砟轨道结构。

八、站线轨道结构规定

《铁路轨道设计规范》(TB 10082—2017)

7.1.1　站线轨道类型应符合下列规定：

1　到发线宜采用有砟轨道，其余站线应采用有砟轨道。

2　高架车站、地下车站或站台范围设架空层的客车到发线可采用无砟轨道。

3　正线为无砟轨道时，与正线相邻的到发线可采用无砟轨道。

九、客货共线铁路轨道部件选用规定

《轨道部件使用规定》(TG/GW 284—2021)(铁工电〔2021〕38号)

第五条　设计速度200 km/h及以下客货共线铁路轨道部件按以下要求选用。

(一)有砟轨道。

根据速度和运量，一般采用60 kg/m钢轨、弹条Ⅱ型扣件、$Ⅲ_a$型预应力混凝土枕。对于年通过总质量小于20 Mt的线路采用60 kg/m钢轨、弹条Ⅱ型扣件、$Ⅲ_a$型或新Ⅱ型预应力混凝土枕。桥上采用新$Ⅲ_{qa}$型预应力混凝土桥枕，无缝线路设计要求使用小阻力扣件时，采用客货共线铁路有砟轨道小阻力扣件。轨道部件选型见表4。

表 4　设计速度 200 km/h 及以下客货共线铁路有砟轨道部件选型

运营条件	年通过总质量/Mt	≥20			<20
	列车轴重/t	≤25	≤25	≤25	≤25
	旅客列车设计速度/(km/h)	200	160	120	≤120
钢轨/(kg/m)		60			
扣件	类型	弹条Ⅱ型			弹条Ⅱ型
	弹性垫板静刚度/(kN/mm)	55~80 (半径小于 600 m 曲线地段 90~120 kN/mm)			
混凝土枕		$Ⅲ_a$ 型			$Ⅲ_a$ 或新Ⅱ型
道砟	材质	特级/一级	一级	一级	一级
	级配	一级			
	清洁度	0.1 mm 以下粉末含量不应大于 1%			

(二)无砟轨道。

一般采用弹性支承块式、长枕埋入式或双块式无砟轨道，配套采用弹条Ⅶ型、预埋铁座式扣件、WJ-12 型扣件。轨道部件选型见表 5。

表 5　设计速度 200 km/h 及以下客货共线铁路无砟轨道部件选型

无砟轨道结构类型		弹性支承块式		轨枕埋入式	双块式
扣件	类型	弹条Ⅶ型	预埋铁座式扣件	WJ-12 型	
	弹性垫板静刚度/(kN/mm)	100~120	55~80	30~40	
块下垫板静刚度/(kN/mm)		60~90	75~105	—	
备注		适用于速度 160 km/h 及以下线路	仅适用于速度 160 km/h 及以下轴重不大于 23 t 线路	—	

十、重载铁路轨道部件选用规定

《轨道部件使用规定》(TG/GW 284—2021)(铁工电〔2021〕38号)

第六条　重载铁路或以货运为主的铁路轨道部件按以下要求选用。

(一)有砟轨道。

根据轴重和运量,一般采用75 kg/m或60 kg/m钢轨、弹条Ⅵ型扣件或弹条Ⅱ型扣件、$Ⅳ_a$型或$Ⅲ_a$型预应力混凝土枕,桥上采用$Ⅳ_{qa}$型或新$Ⅲ_{qa}$型预应力混凝土桥枕。轨道部件选型见表6。

表6　重载铁路或以货运为主的客货共线铁路有砟轨道部件选型

运营条件	年通过总质量/Mt	>250	101~250		40~100	
	列车轴重/t	25~30	30	27、25	30	27、25
钢轨/(kg/m)		75	75或60	60	75或60	60
扣件	类型	弹条Ⅵ型	弹条Ⅵ型	弹条Ⅱ型	弹条Ⅵ型	弹条Ⅱ型
	弹性垫板静刚度/(kN/mm)	120~160	120~160	100~140	120~160	100~140
混凝土枕		$Ⅳ_a$型	$Ⅳ_a$型	$Ⅲ_a$型	$Ⅳ_a$型	$Ⅲ_a$型
道砟	材质	特级	特级/一级	特级/一级	特级/一级	一级
	级配	一级				
	清洁度	0.1 mm以下粉末含量不应大于1%				

(二)无砟轨道。

重载铁路或以货运为主的客货共线铁路隧道内无砟轨道可采用弹性支承块式、双块式、轨枕埋入式等结构形式,配套采用弹条Ⅶ型扣件或WJ-12型扣件。轨道部件选型见表7,钢轨类型与该线路有砟轨道设计采用的钢轨相同。

表 7　重载铁路或以货运为主的客货共线铁路无砟轨道部件选型

无砟轨道结构类型		弹性支承块式		双块式	轨枕埋入式
列车轴重/t		30	27、25	30、27、25	30、27、25
扣件	类型	弹条Ⅶ型		WJ-12 型	WJ-12 型
	弹性垫板静刚度/(kN/mm)	120~160	100~120	40~60	40~60
块下垫板刚度/(kN/mm)		70~100	60~90	—	—

十一、站线铁路轨道部件选用规定

《轨道部件使用规定》(TG/GW 284—2021)(铁工电〔2021〕38 号)

第七条　站线铁路轨道部件按以下要求选用。

到发线采用 60 kg/m 钢轨无缝线路，对于铁路运量小于 1 000 万 t 的客货共线铁路的到发线采用 50 kg/m 钢轨有缝线路。采用大机作业的站线每公里轨枕配置根数不低于 1 600 根。

专业管理意见 2：根据《国铁集团工电部关于印发〈深化铁路工电设备设施建设三年行动方案〉的通知》(工电综技函〔2023〕42 号)附件 2 开展工电设备设施补强整治“普铁站线短轨线路更换为 60 kg/m 再用轨无缝线路”的要求，新建线路除安全线外应铺设 60 kg/m 无缝线路。

第三章　线路平纵断面

铁路线形指铁路中心线的空间位置，由平面和纵断面上的直线和曲线组成，对运行速度、牵引质量、工程投资等有着重要影响。

第一节　基本规定

应根据线路等级、牵引类型等条件，合理选择平纵断面技术条件，良好的平纵断面条件对后续线路运营维护有着十分重要的意义。

一、最小曲线半径、最大坡度或限制坡度设置规定

《铁路线路设计规范》(TB 10098—2017)

3.0.5　最小曲线半径、最大坡度或限制坡度应根据设计速度、运输组织模式、列车运行安全和旅客舒适度要求等因素确定。

二、线路平面和纵断面的线形设置规定

《铁路线路设计规范》(TB 10098—2017)

4.0.6　铁路线路设计应综合考虑路段设计速度、速差、舒适度及维修等因素，重视线路平面和纵断面的线形协调设计。

三、钢轨伸缩调节器的设置规定

《铁路线路设计规范》(TB 10098—2017)

4.0.11 线路、桥梁、轨道设计应统筹考虑,减少钢轨伸缩调节器的设置。平面曲线和竖曲线地段应避免设置钢轨伸缩调节器。

四、连续长大坡道的设置规定

《铁路线路设计规范》(TB 10098—2017)

4.0.12 连续长大坡道的设置应结合工程条件、行车组织和电分相设置等因素合理确定,必要时可设置缓坡段。

五、改建既有线平面和纵断面的设置规定

《铁路线路设计规范》(TB 10098—2017)

4.0.14 线路引入既有车站或枢纽时,改建既有线平面和纵断面设计标准不应低于既有标准。

第二节 一般规定

平面应匹配线路设计速度,曲线地段应选用大半径曲线。线路纵断面标高应充分考虑地形和降水影响,坡道尽量设计为缓坡。

一、平面一般规定

《铁路线路设计规范》(TB 10098—2017)

5.1.1 线路平面设计标准应与路段设计速度相匹配。

5.1.2　正线曲线半径应结合工程条件、设计速度以及减少维修等因素，因地制宜，由大到小合理选用，最大值不应大于12 000 m。改建既有线或增建第二线时，最小曲线半径应结合既有线特征和工程条件比选确定。

5.1.3　直线与圆曲线间应采用三次抛物线型缓和曲线连接。

5.1.4　车站两端减加速地段的线路设计，应根据行车速度和速差选用相匹配的曲线半径。

5.1.5　新建铁路正线不应设计复曲线；改建既有线特殊困难条件下可保留复曲线。

5.1.6　双线铁路两线线间距不变地段的平面曲线，宜设计为同心圆。

5.1.7　特殊结构桥梁地段的平面线形宜设计为直线，困难条件下设计为曲线时，宜采用较大的曲线半径。明桥面桥的平面线形不应设计为反向曲线，也不宜设计为缓和曲线。

5.1.8　隧道地段的平面线形宜设计为直线。受地形、地质等条件限制设计为曲线时，曲线宜设在洞口附近。

5.1.10　高速铁路、城际铁路的正线与联络线、动车组走行线并行地段的线间距，应根据相邻线路的行车速度、高程关系、线间各种建(构)筑物以及养护维修条件综合确定，且不应小于5.0 m。

5.1.11　三线及四线区间的第二线与第三线的线间距不应小于5.3 m。相邻两单线铁路、两线并行不等高地段或线间设置其他设备时，最小线间距应根据相关技术要求计算确定。

5.1.12　改建既有线和增建第二线的新建桥梁位置及两线间的距离，应根据水文和地质条件、既有桥梁现状、通航要求、施工和运营干扰等因素，经技术经济比选确定。

5.1.13　线路与其他铁路、公(道)路、管道并行地段的间距，应结合技术要求、安全防护、养护维修等因素综合分析确定。

5.1.14 车站咽喉区范围内的正线平面线形应设计为直线。

二、纵断面一般规定

《铁路线路设计规范》(TB 10098—2017)

6.1.2 客货共线铁路、重载铁路的限制坡度应根据铁路等级、地形条件、牵引种类、机车类型、牵引质量和运输需求比选确定,并应考虑与邻接铁路的限制坡度相协调。

6.1.3 竖曲线半径不应大于 30 000 m。

6.1.6 竖曲线不应设置在缓和曲线、正线道岔、钢轨伸缩调节器以及明桥面桥范围内。当路段设计速度大于 120 km/h 时,以上地段范围内不得设置变坡点。

6.1.7 新建双线宜设计为并行等高。正线与联络线、动车组走行线、既有线并行时,正线轨面设计高程应根据路基横断面设计情况计算确定。

6.1.8 隧道内坡道可设置为单面坡道或人字坡道,坡度不宜小于 3‰。地下水发育的长隧道宜采用人字坡。在最冷月平均气温低于-5 ℃的地区地下水发育的隧道内可适当加大坡度。

6.1.9 路堑地段线路坡度不宜小于 2‰,深长路堑地段可适当加大坡度。

6.1.12 线路纵断面设计应根据地形、水文和工程地质条件合理确定线路设计高程,满足防洪、通航、排水和交叉跨越净空要求。

三、轨底坡一般规定

《铁路轨道设计规范》(TB 10082—2017)

3.1.5 轨底坡应为 1∶40。

四、曲线超高和轨距加宽一般规定

《铁路轨道设计规范》(TB 10082—2017)

3.2.1　曲线地段外轨应按下列原则设置超高：

2　新建客货共线铁路曲线超高应根据列车通过曲线的运行速度、旅客舒适度和货物列车对钢轨磨耗的影响进行设置。

3　新建重载铁路曲线超高应根据列车通过曲线的运行速度、货物列车对钢轨磨耗的影响，兼顾旅客舒适度要求进行设置。

4　改建铁路曲线超高可根据每昼夜各类列车次数、列车质量和实测列车速度进行设置。

5　车站两端曲线超高应根据实际运营车型的特性曲线，模拟计算通过列车和进出站列车的运行速度进行设置。

6　无砟轨道地段初期开通速度与设计预留速度不一致时，曲线超高应按设计预留速度进行设置。

3.2.2　曲线地段最大、最小设计超高值应符合表3.2.2的规定。

表3.2.2　最大、最小设计超高值

单位：mm

项　目		最大值	最小值
无砟轨道		175	15
有砟轨道	一般情况	150	
	客货共线铁路单线地段	125	

3.2.3　新建铁路外轨超高应在缓和曲线全长范围内递减顺接，超高顺坡率最大值应符合表3.2.3的规定，且不应大于2‰。

表 3.2.3　超高顺坡率最大值

铁路等级	一般	困难
高速铁路	$1/(10V_{max})$	$1/(9V_{max})$
城际铁路	$1/(10V_{max})$	$1/(8V_{max})$
客货共线铁路	$1/(10V_{max})$	$1/(9V_{max})$
重载铁路	$1/(9V_{max})$	$1/(7V_{max})$

注：1. 客货共线铁路设计时速为 80 km 及以下时，超高顺坡率最大值，一般条件取 $1/(9V_{max})$，困难条件取 $1/(8V_{max})$。

2. V_{max} 为列车最高运行速度(km/h)。

3.2.4　改建铁路外轨超高宜在缓和曲线全长内递减顺接。特殊困难条件下，保留复曲线时应在正矢递减范围内，从较大超高向较小超高均匀顺坡。

3.2.5　……客货共线铁路和重载铁路曲线欠超高、过超高允许值应符合表 3.2.5—2 的规定。

表 3.2.5—2　客货共线铁路和重载铁路曲线欠超高、过超高允许值

单位：mm

铁路等级	欠超高		过超高	
	一般	困难	一般	困难
客货共线、重载铁路	70	90	30	50

3.2.6　当既有线改建困难或站场线路中采用小半径曲线时，曲线地段轨距加宽值应符合表 3.2.6 规定。

表 3.2.6　曲线地段轨距加宽值

曲线半径/m	轨距加宽值/mm	轨距/mm
$R \geqslant 295$	0	1 435
$295 > R \geqslant 245$	5	1 440
$245 > R \geqslant 195$	10	1 445
$R < 195$	15	1 450

五、站场平纵断面一般规定

《铁路车站及枢纽设计规范》(TB 10099—2017)

3.1.1　在铁路车站线路的直线地段，主要建(构)筑物和设备至线路中心线的距离应符合表3.1.1的规定。

表3.1.1　主要建(构)筑物和设备至线路中心线距离

单位：mm

序号	建(构)筑物和设备名称			高速铁路	城际铁路	客货共线铁路和重载铁路	
						高出轨面的距离	至线路中心线的距离
1	跨线桥柱、天桥柱、雨棚柱和电力照明杆等杆柱边缘	位于站内正线一侧		≥2 440	≥2 200	—	≥2 440
		位于站线间	通行超限货物列车时	—	—	1 100及以上	≥2 440
			不通行超限货物列车时	≥2 150	≥2 150	1 100及以上	≥2 150
		位于站场最外站线的外侧		≥3 100	≥3 100	1 100及以上	≥3 100
		位于最外梯线或牵出线一侧		≥3 100	≥3 100	1 100及以上	≥3 500
2	接触网支柱边缘	位于站内正线一侧或站场最外线路的外侧	无砟	≥3 000	≥2 500	—	—
			有砟	≥3 100	≥3 100	—	≥3 100
		位于站线间	通行超限货物列车时	—	—	1 100及以上	≥2 440
			不通行超限货物列车时	≥2 150	≥2 150	1 100及以上	≥2 150
		位于最外梯线或牵出线一侧		≥3 100	≥3 100	1 100及以上	≥3 500
3	高柱信号机边缘	高速铁路和城际铁路	正　线	≥2 440	≥2 200	—	—
			到发线	≥2 150	≥2 150	—	—

续表 3.1.1

<table>
<tr><th rowspan="2">序号</th><th rowspan="2" colspan="3">建(构)筑物和设备名称</th><th rowspan="2">高速铁路</th><th rowspan="2">城际铁路</th><th colspan="2">客货共线铁路和重载铁路</th></tr>
<tr><th>高出轨面的距离</th><th>至线路中心线的距离</th></tr>
<tr><td rowspan="2">3</td><td rowspan="2">高柱信号机边缘</td><td rowspan="2">客货共线铁路和重载铁路</td><td>通行超限货物列车时</td><td>—</td><td>—</td><td>1 100 及以上</td><td>≥2 440</td></tr>
<tr><td>不通行超限货物列车时</td><td>—</td><td>—</td><td>1 100 及以上</td><td>≥2 150</td></tr>
<tr><td rowspan="2">4</td><td rowspan="2">货物站台边缘</td><td colspan="2">普通站台</td><td>—</td><td>—</td><td>950~1 100</td><td>1 750</td></tr>
<tr><td colspan="2">高站台</td><td>—</td><td>—</td><td>≤4 800</td><td>1 850</td></tr>
<tr><td rowspan="4">5</td><td rowspan="4">旅客站台边缘</td><td rowspan="2">高站台</td><td>位于正线一侧</td><td>1 800</td><td>1 800</td><td>—</td><td>—</td></tr>
<tr><td>位于站线一侧</td><td>1 750</td><td>1 750</td><td>1 250</td><td>1 750</td></tr>
<tr><td>普通站台</td><td>位于不通行超限货物列车的到发线一侧</td><td>—</td><td>—</td><td>500</td><td>1 750</td></tr>
<tr><td>低站台</td><td>位于通行超限货物列车的到发线一侧</td><td>—</td><td>—</td><td>300</td><td>1 750</td></tr>
<tr><td>6</td><td colspan="3">车库门、转车盘、洗车架和洗罐线、机车走行线上的建(构)筑物边缘</td><td>—</td><td>—</td><td>1 250 及以上</td><td>≥2 000</td></tr>
<tr><td>7</td><td colspan="3">清扫或扳道房和围墙边缘</td><td>≥3 500</td><td>≥3 500</td><td>1 100 及以上</td><td>≥3 500</td></tr>
<tr><td>8</td><td colspan="3">起吊机械固定杆柱或走行部分附属设备边缘至货物装卸线</td><td>—</td><td>—</td><td>1 100 及以上</td><td>≥2 440</td></tr>
<tr><td>9</td><td>连续墙体、栅栏、声屏障边缘</td><td colspan="2">位于正线或站线外侧(无人员通行)</td><td>路基面外</td><td>路基面外</td><td>—</td><td>路基面外</td></tr>
</table>

注:1. 表列序号 1、序号 2 有砟轨道线路考虑大型养路机械作业时,路基地段杆柱内侧边缘至正线线路中心的距离不应小于 3 100 mm。

2. 表列序号 2 接触网支柱内侧边缘至线路中心的距离,困难条件下,位于有砟轨道正线一侧不应小于 2 500 mm,位于不通行超限货物列车的站线一侧不应小于 2 150 mm。

3. 表列序号 5 正线无列车通过或列车通过速度不大于 80 km/h 时,高站台边缘至线路中心线的距离可采用 1 750 mm。

4. 表列序号 9 栅栏边缘至线路中心的距离,高速铁路尚应不小于栅栏距地面的高度加 2 440 mm 之和,城际铁路尚应不小于栅栏距地面的高度加 2 200 mm 之和。

3.1.2　车站内两相邻线路中心线的线间距应满足线间作业及设备布置需要，并按本规范表 3.1.1 中建(构)筑物和设备边缘至线路中心的距离及设备宽度计算确定。一般情况下站内线路直线地段线间的最小距离应符合表 3.1.2 的规定。

表 3.1.2　车站线间距

单位：mm

<table>
<tr><th>序号</th><th colspan="4">名　　称</th><th>线间最小距离</th></tr>
<tr><td rowspan="6">1</td><td rowspan="6">站内正线间</td><td rowspan="4">高速铁路和城际铁路</td><td colspan="2">站内正线间无渡线时</td><td>与区间正线相同</td></tr>
<tr><td rowspan="3">站内正线间有渡线时</td><td>$v \le 250$ km/h</td><td>4 600</td></tr>
<tr><td>$250\ \text{km/h} < v \le 300\ \text{km/h}$</td><td>4 800</td></tr>
<tr><td>$300\ \text{km/h} < v \le 350\ \text{km/h}$</td><td>5 000</td></tr>
<tr><td colspan="3">客货共线铁路</td><td>5 000</td></tr>
<tr><td colspan="3">双线与第三线间，或相同行车方向的正线间</td><td>5 300</td></tr>
<tr><td rowspan="7">2</td><td rowspan="7">站内正线与相邻到发线间</td><td colspan="3">无列检、上水及卸污作业</td><td>5 000</td></tr>
<tr><td rowspan="6">有列检、上水或卸污作业</td><td rowspan="2">$v \le 120$ km/h</td><td>一般</td><td>5 500</td></tr>
<tr><td>改建特别困难</td><td>5 000(保留)</td></tr>
<tr><td rowspan="2">$120\ \text{km/h} < v \le 160\ \text{km/h}$</td><td>一般</td><td>6 000</td></tr>
<tr><td>改建特别困难</td><td>5 500(保留)</td></tr>
<tr><td rowspan="2">$v > 160$ km/h</td><td>一般</td><td>6 500(设栅栏)</td></tr>
<tr><td>改建特别困难</td><td>5 500(保留)</td></tr>
<tr><td rowspan="3">3</td><td rowspan="3">到发线间、调车线间</td><td colspan="3">一般</td><td>5 000</td></tr>
<tr><td colspan="3">铺设列检小车通道或有客车上水、卸污作业</td><td>5 500</td></tr>
<tr><td colspan="3">改建特别困难</td><td>4 600(保留)</td></tr>
<tr><td rowspan="2">4</td><td rowspan="2">装有高柱信号机的线间</td><td colspan="3">相邻两线均通行超限货物列车</td><td>5 300</td></tr>
<tr><td colspan="3">相邻两线只一线通行超限货物列车</td><td>5 000</td></tr>
<tr><td>5</td><td colspan="4">动车组存车线间</td><td>4 600</td></tr>
<tr><td rowspan="2">6</td><td colspan="2" rowspan="2">客车车底停留线间</td><td colspan="2">一般</td><td>5 000</td></tr>
<tr><td colspan="2">改建特别困难</td><td>4 600</td></tr>
</table>

续表 3.1.2

序号	名称		线间最小距离
7	动车组及客车整备线间	线间无照明和通信等电杆	6 000
		线间有照明和通信等电杆	7 000
8	货物直接换装的线路间		3 600
9	牵出线与其相邻线间	区段站、编组站及其他调车作业频繁	6 500
		中间站及其他仅办理摘挂取送作业	5 000
10	调车场各线束间		6 500
11	调车场设有制动员室的线束间		7 000
12	梯线与其相邻线间		5 000

注：1. 表列序号 1，城际铁路当正线间设置反向出站信号机时，线间距应计算确定。
2. 表列序号 2，在有列检作业的区段站上，路段设计速度 120 km/h 及以上时，运营中必须采取保证列检人员人身安全的措施。
3. 表列序号 3，列检小车通道不宜设在通行超限货物列车的到发线间，线间铺设机动小车通道的相邻到发线间距不应小于 6 000 mm。
4. 在区段站、编组站及其他大站上，线间距应与灯桥、接触网软横跨或硬横跨等横向最大跨度相适应，一般最多每隔 8 条线路或 40 m 应设置一处不小于 6 500 mm 的线间距，此线间距宜设在两个车场或线束之间。
5. 照明和通信电杆等设备，在站线较多的大站上应集中设置在有较宽线间距的线路间，在中间站宜设置在站线之外；其他杆柱不宜与高柱信号机布置于同一线间，若确需布置于同一线间时，应确保高柱信号机的瞭望条件。

3.1.3 在车站线路的曲线地段，各类建（构）筑物和设备至线路中心线的距离及线间距应按本规范附录 B 的有关规定加宽。位于曲线内侧的旅客站台，如线路有外轨超高时，应降低站台高度，降低的数值为 0.6 倍外轨超高度。

3.1.7 车站到发线有效长度应符合下列规定：

3 客货共线铁路到发线有效长度应按 1 050 m、850 m、750 m 或 650 m 系列选用。

4 新建重载铁路到发线有效长度：当牵引质量为 10 000 t 时，宜采用 1 700 m；当牵引质量为 20 000 t 时，宜采用 2 800 m。改建重载铁路到发线有效长度可根据采用的机车车辆参数计算确定。

3.1.9　线路接轨及安全线设置应符合下列规定：

新线与既有线接轨，应保证主要去向的列车不改变运行方向通过接轨点。

第三节　平面规定

曲线半径、夹直线长度、线间距等指标直接影响运输效率和运营安全，根据设计速度合理选择曲线半径、夹直线长度对运营有着十分重要的意义，过大或过小的半径均不利于后期维护。

一、区间平面曲线半径、缓和曲线及夹直线的选用规定

《铁路线路设计规范》(TB 10098—2017)

5.4.1　客货共线铁路线路平面最小曲线半径不应小于表5.4.1规定的数值。

表5.4.1　平面最小曲线半径

单位：m

路段设计速度/(km/h)		200	160	120	100	80
工程条件	一般	3 500	2 000	1 200	800	600
	困难	2 800	1 600	800	600	500

注：车站两端减、加速地段，最小曲线半径应结合客车开行方案和工程条件，根据客、货列车行车速度和速差计算确定。

5.4.2　重载铁路平面最小曲线半径不应小于800 m，困难条件下不应小于600 m；特殊困难条件下，经技术经济比较确定。

5.4.3　缓和曲线的长度应符合下列规定：

1　缓和曲线长度不得小于表5.4.3—1规定的数值。

表 5.4.3—1　缓和曲线长度

单位:m

路段设计速度/(km/h)		200		160		120		100		80	
工程条件		一般	困难	一般	困难	一般	困难	一般	困难	一般	困难
曲线半径/m	12 000	40	40	40	40	20	20	20	20	20	20
	10 000	50	50	50	40	20	20	20	20	20	20
	8 000	70	60	60	50	30	20	20	20	20	20
	7 000	80	70	70	50	30	20	20	20	20	20
	6 000	90	80	70	50	30	20	20	20	20	20
	5 000	90	80	70	60	40	30	20	20	20	20
	4 500	100	90	70	60	40	30	30	20	20	20
	4 000	120	110	80	70	50	30	30	20	20	20
	3 500	140	130	90	70	50	40	40	20	20	20
	3 000	170	150	90	80	50	40	40	20	20	20
	2 800	180	170	100	90	50	40	40	30	20	20
	2 500	—	—	110	100	60	40	40	30	30	20
	2 000	—	—	140	120	60	50	50	40	30	20
	1 800	—	—	160	140	70	60	50	40	30	20
	1 600	—	—	170	160	70	60	50	40	40	20
	1 400	—	—	—	—	80	70	60	40	40	20
	1 200	—	—	—	—	90	80	60	50	40	30
	1 000	—	—	—	—	120	100	70	60	40	30
	800	—	—	—	—	150	130	80	70	50	40
	700	—	—	—	—	—	—	100	90	50	40
	600	—	—	—	—	—	—	120	100	60	50
	550	—	—	—	—	—	—	130	110	60	50
	500	—	—	—	—	—	—	—	—	60	60

注:当采用表列数值间的曲线半径时,其相应的缓和曲线长度可采用线性内插值,并进整至 10 m。

2　改建既有线和增建第二线的并行地段当采用表 5. 4. 3—1 规定的缓和曲线长度将引起较大工程时，可采用较短的缓和曲线，其长度应按实设曲线超高和不大于表 5. 4. 3—2 规定的超高顺坡率计算确定，并取 10 m 的整倍数，特殊困难条件下可取整至 1 m，但不应小于 20 m。改建既有线在线路条件和建筑物限制等困难条件下，可在同一曲线的两端采用不等长的缓和曲线。

表 5. 4. 3—2　改建既有线和增建第二线的并行地段最大超高顺坡率

路段设计速度/(km/h)		200	160	120	100	80
工程条件	一般	1/10v		1/9v		
	困难	1/8v		1/7v		

注：当按表规定计算后的最大超高顺坡率大于 2‰时，采用 2‰。v 为路段设计速度，单位采用 km/h。

3　改建既有线采用复曲线时，如两圆曲线的曲率差大于表 5. 4. 3—3 规定的数值，应设置中间缓和曲线。中间缓和曲线的长度应满足超高顺坡的要求，并根据计算确定。特殊困难条件下，可保留原复曲线。

表 5. 4. 3—3　复曲线可不设中间缓和曲线的两圆曲线的最大曲率差

路段设计速度/(km/h)	120	100	80
可不设中间缓和曲线的两圆曲线的最大曲率差	1/4 000	1/2 000	1/1 000

5. 4. 4　圆曲线和夹直线的长度不应小于表 5. 4. 4 规定的数值。改建既有线和增建第二线的并行地段，特殊困难条件下，对旅客列车设计速度小于 100 km/h 的地段有充分的技术经济依据时，圆曲线长度和夹直线长度可不受表 5. 4. 4 规定的数值限制，但不得小于 25 m。

表 5.4.4　圆曲线或夹直线最小长度

单位:m

路段设计速度/(km/h)		200	160	120	100	80
工程条件	一般	160	130	80	60	50
	困难	120	80	50	40	30

5.4.5　增建的第二线宜设在既有线的一侧,如需换侧,宜在曲线上或车站附近完成。

5.4.6　区间线路线间距及其加宽应符合下列规定:

1　直线地段的线间距不应小于表 5.4.6—1 规定的数值。

2　曲线地段的线间距加宽值应符合下列规定:

1）当曲线两端直线地段的线间距采用表 5.4.6—1 规定的数值时,曲线线间距加宽值应采用表 5.4.6—2 规定的数值。

2）当曲线两端直线地段的线间距大于表 5.4.6—1 规定的数值时,曲线线间距加宽值应按下式计算确定:

$$W' = (S_{min} \times 10^3 + W) - S \times 10^3 \qquad (5.4.6)$$

式中　W'——曲线地段线间距加宽值(mm),当小于或等于零时,可不加宽;

S_{min}——直线地段最小线间距(m),采用表 5.4.6—1 规定的数值;

W——直线地段为最小线间距时曲线地段的线间距加宽值(mm),采用表 5.4.6—2 规定的数值;

S——曲线两端直线地段的线间距(m)。

表 5.4.6—1　区间直线地段最小线间距

线　别　间	路段设计速度/(km/h)	区间直线地段最小线间距/m
第一、二线间	$160<v\leqslant 200$	4.4
	$120<v\leqslant 160$	4.2
	$v\leqslant 120$	4.0

续表 5.4.6—1

线　别　间	路段设计速度/(km/h)	区间直线地段最小线间距/m
三线及四线区间的第二线与第三线间	—	5.3
站内正线间	—	5.0

注:区间直线地段两单线铁路并行引入车站时的最小线间距应根据装设信号机和通行超限货物列车情况按需要计算确定。既有线路段设计速度提高到 140 km/h~160 km/h 时,可保持 4 m 的线间距。

表 5.4.6—2　区间直线地段为最小线间距时曲线线间距加宽值

单位:mm

线　别　间		第一、二线间						第二、三线间				
内、外侧线路曲线超高设置情况		外侧线路曲线超高大于内侧线路曲线超高时					其他情况					
路段设计速度/(km/h)		200	160	120	100	80	≤200	200	160	120	100	80
曲线半径/m	12 000	85	50	35	20	15	10	90	60	40	30	20
	10 000	85	60	35	20	15	10	100	70	40	30	20
	8 000	90	80	40	25	15	15	105	95	55	30	20
	7 000	90	85	50	30	20	15	110	100	65	45	35
	6 000	95	90	65	35	25	15	115	105	75	45	35
	5 000	95	95	70	40	35	20	130	115	90	55	45
	4 500	100	95	80	45	40	20	140	120	100	60	50
	4 000	100	100	95	55	40	25	145	130	110	70	50
	3 500	135	105	95	65	50	25	195	145	115	85	65
	3 000	145	110	95	80	65	30	210	150	125	100	80
	2 800	155	120	100	85	65	35	220	160	130	115	85
	2 500	—	130	110	100	70	35	—	185	145	125	95
	2 000	—	165	120	105	95	45	—	235	160	140	110
	1 800	—	175	130	110	100	50	—	250	175	145	125
	1 600	—	195	145	125	115	55	—	275	195	165	145

续表 5.4.6—2

线别间		第一、二线间						第二、三线间				
内、外侧线路曲线超高设置情况		外侧线路曲线超高大于内侧线路曲线超高时					其他情况					
路段设计速度/(km/h)		200	160	120	100	80	≤200	200	160	120	100	80
曲线半径/m	1 400	—	—	160	135	125	65	—	—	215	180	160
	1 200	—	—	175	155	135	75	—	—	230	200	170
	1 000	—	—	220	175	155	85	—	—	300	225	195
	800	—	—	265	210	190	110	—	—	355	265	235
	700	—	—	—	260	210	125	—	—	—	340	260
	600	—	—	—	295	235	145	—	—	—	380	290
	550	—	—	—	—	255	155	—	—	—	—	315
	500	—	—	—	—	280	170	—	—	—	—	340

注：1. 采用表列数值间的曲线半径时，曲线线间距加宽值可采用线性内插值，并进整至 5 mm。

2. 两单线铁路曲线线间距加宽值应根据装设信号机和通行超限货物列车情况按实际需要计算确定。

3）考虑双层集装箱运输需求的线路，曲线加宽应根据双层集装箱运输限界计算确定。

3 两线并行地段的曲线线间距加宽，一般条件下应采用加长内侧线缓和曲线长度的方法完成，困难条件下可采用增大或减小内、外侧曲线半径的方法完成。

5.4.7 区间线路线间距变更及其相关的平面标准应符合下列规定：

1 车站两端和桥隧地段线间距变更应利用附近曲线完成。条件不具备时，可在第二线上采用反向曲线完成。

2 相邻两线采用反向曲线变更线间距时，如受本规范表 5.4.4 规定的圆曲线或夹直线最小长度限制，可不设缓和曲线,但圆曲线半径不得小于表 5.4.7 规定的数值。

表 5.4.7　采用反向曲线变更线间距可不设缓和曲线的最小圆曲线半径

单位:m

<table>
<tr><td colspan="2">路段设计速度/(km/h)</td><td>200</td><td>160</td><td>120</td><td>100</td><td>80</td></tr>
<tr><td rowspan="2">工程条件</td><td>一般</td><td rowspan="2">—</td><td rowspan="2">12 000</td><td>10 000</td><td>8 000</td><td>5 000</td></tr>
<tr><td>困难</td><td>5 000</td><td>4 000</td><td>3 000</td></tr>
</table>

专业管理意见 3:车站两端制动距离内曲线半径应不小于 1 600 m。

二、站场平面曲线半径、缓和曲线及夹直线的选用规定

《铁路线路设计规范》(TB 10098—2017)

5.4.9　车站正线的平面设计标准应符合下列规定:

1　区段站的正线应设计为直线。特殊困难条件下,如有充分技术经济依据,可设计为曲线,但其曲线半径不应小于表 5.4.9 规定的数值。中间站、越行站、会让站的正线宜设计为直线。困难条件下需设计为曲线时,其曲线半径不应小于表 5.4.9 规定的数值。

2　改建车站时,特殊困难条件下,如有充分技术经济依据,可保留小于表 5.4.9 规定的曲线半径。

表 5.4.9　车站平面最小曲线半径

<table>
<tr><td colspan="4">路段设计速度/(km/h)</td><td>200</td><td>160</td><td>120</td><td>100</td><td>80</td></tr>
<tr><td rowspan="3">最小圆曲线半径/m</td><td colspan="3">区段站</td><td>2 000</td><td>1 600</td><td colspan="3">800</td></tr>
<tr><td rowspan="2">中间站、会让站、越行站</td><td rowspan="2">工程条件</td><td>一般</td><td>3 500</td><td>2 000</td><td>1 200</td><td>800</td><td rowspan="2">600</td></tr>
<tr><td>困难</td><td>2 800</td><td>1 600</td><td>800</td><td>600</td></tr>
</table>

3　横列式车站的正线不应设计为反向曲线。纵列式区段站的正线设计为曲线时，每一运行方向的到发线有效长度范围内不应有反向曲线。

4　车站曲线宜采用较小的偏角。

5.4.10　车站咽喉区两端最外道岔及其他单独道岔（直向）至曲线超高顺坡终点之间的直线长度，路段设计速度为200 km/h时不宜小于80 m，困难条件下，不应小于30 m；路段设计速度小于200 km/h且大于或等于120 km/h时不宜小于40 m，困难条件下不应小于25 m；低于上述速度的其他线路不应小于20 m。

三、进出站线路和站线平面的规定

《铁路车站及枢纽设计规范》（TB 10099—2017）

3.2.1　进出站线路的平面应采用相邻路段正线的标准。困难条件下，有旅客列车通行的疏解线路的最小曲线半径不应小于400 m，其他疏解线路的最小曲线半径不应小于300 m，编组站环到环发线、装（卸）车环线的最小曲线半径不应小于250 m。

3.2.2　站内联络线、场间联络线的曲线半径，通行旅客列车时不应小于400 m，通行普通货物列车时不应小于250 m，不通行列车时不应小于200 m。

3.2.3　编组站、组合分解站的车场应设在直线上；困难条件下，到达场、出发场和到发场可设在同向曲线上，曲线半径不应小于800 m。

3.2.4　位于旅客高站台旁的线路应设在直线上；困难条件下，可设在半径不小于1 000 m的曲线上；特别困难条件下，曲线半径不应小于600 m。

3.2.5　货物线的平面应符合下列规定：

1　货物装卸线应设在直线上；困难条件下，可设在半径不小于600 m的曲线上，特别困难条件下，曲线半径不应小于500 m。

2　罐装货物装卸线应为尽头式平直线，线路直线段的始端至装卸栈桥第一鹤管的距离不应小于进库罐车长度的1/2；困难条件下，可设在半径不小于600 m的曲线上。装卸线上罐车始端车位车钩中心线至前方道岔警冲标间安全距离不应小于31 m，终端车位车钩中心线至装卸线挡车器的安全距离不应小于20 m。

3　安装轨道衡、货车超偏载检测装置、定量装车系统、翻车机等设备的线路平面应根据设备技术要求设计。

3.2.6　牵出线的设置应符合下列规定：

1　牵出线应设在直线上；困难条件下，可设在半径不小于1 000 m的曲线上；特别困难条件下，曲线半径不应小于600 m。仅办理摘挂、取送作业的物流中心或其他场、段的牵出线，特别困难条件下，曲线半径不应小于300 m。

2　牵出线不应设在反向曲线上；改建车站特别困难条件下，且调车作业量较小时，可设在反向曲线上，也可保留既有曲线半径。

3.2.7　段所工区外走行线的平面应符合下列规定：

1　客车段所外走行线的曲线半径不宜小于400 m，困难条件下不应小于300 m。

3　机务段所、车辆段所、维修基地（车间、工区）外走行线的曲线半径不应小于200 m。

4　段所外走行线兼作牵出线使用时，还应符合牵出线的设置规定。

3.2.8 段所工区内线路平面应符合下列规定：

1 段所工区内的线路宜设在直线上，库内线路应设在直线上。

2 客车段所内线路的最小曲线半径不应小于 250 m，长时间停留动车组的线路最小曲线半径不应小于 400 m；其他段所内线路曲线半径不应小于 200 m。

3 机务段内转车盘前的直线段长度不应小于 12.5 m。

3.2.9 站线曲线超高的设置应符合下列规定：

1 曲线超高值应根据平面曲线半径以及列车通过速度计算确定，并符合线路性质对应的允许欠超高、允许过超高及欠过超高之和允许值的规定。

2 动车组列车到发进路上的曲线应设超高，且不应小于 20 mm。其他客货列车到发线上的曲线和连接曲线宜设曲线超高，曲线半径小于 600 m 时超高可采用 25 mm，大于或等于 600 m 时超高可采用 20 mm，道岔连接曲线超高可采用 15 mm。其余站线可不设超高。

3 超高顺坡率不应大于 2‰。

3.2.11 客车到发进路上的曲线设缓和曲线时，圆曲线长度和两曲线间夹直线的长度不应小于 25 m；不设缓和曲线时，两曲线间无超高直线段的长度不应小于 20 m，采用 12 号道岔困难条件下不应小于 10 m。其余站线两曲线间直线段的长度不应小于 15 m，困难条件下不小于 10 m。

3.2.12 道岔至曲线间的直线段长度应符合下列规定：

1 正线上道岔与缓和曲线间的直线段最小长度应结合铁路性质、路段设计速度、工程条件、车站性质及列车加减速特性等因素计算确定，并符合表 3.2.12—1 的规定。

表 3.2.12—1　正线道岔与缓和曲线间的直线段最小长度

铁路性质		高速铁路	城际铁路		客货共线及重载铁路		
设计速度 v/(km/h)		$250 \leqslant v \leqslant 350$	200	<200	200	$120<v<200$	≤120
直线段最小长度/m	一般	0.6v	0.4v		0.5v		
	困难	0.5v	30	25	0.4v	30	20

注：困难条件下，计算数值按 10 m 的倍数向下取值。

2　站线道岔至曲线之间的直线段长度，应根据站线性质、曲线半径、道岔结构、曲线轨距加宽和曲线超高等因素计算确定。

1）动车组列车到发进路上道岔前后至曲线超高顺坡终点的直线段长度不应小于 20 m；困难条件下，岔前直线段长度应满足曲线超高设置要求，岔后直线段长度不应小于道岔跟端至末根长岔枕的距离与超高顺坡所需长度之和。动车段所内道岔至曲线间直线段最小长度，岔前不应小于 7.5 m，岔后不应小于道岔跟端至末根岔枕的距离与曲线轨距加宽递减或曲线超高顺坡所需的直线段长度之和。

2）其余站线道岔至圆曲线最小直线段长度应符合表 3.2.12—2 的规定。

表 3.2.12—2　道岔至圆曲线最小直线段长度

序号	道岔前后圆曲线半径 R/m	最小直线段长度/m			
		一般		困难	
		轨距加宽或曲线超高递减率 2‰		轨距加宽递减率 3‰	
		岔前	岔后	岔前	岔后
1	$R \geqslant 350$	2	$0+L'$	0	$0+L'$
2	$350>R \geqslant 300$	2.5	$2.5+L'$	2	$2+L'$

续表 3.2.12—2

序号	道岔前后圆曲线半径 R/m	最小直线段长度/m			
		一般		困难	
		轨距加宽或曲线超高递减率 2‰		轨距加宽递减率 3‰	
		岔前	岔后	岔前	岔后
3	$R<300$	7.5	$7.5+L'$	5	$5+L'$

注:1. L'为道岔跟端至末根岔枕的距离。
2. 在困难条件下,道岔后直线长度可采用道岔跟端至末根长岔枕的距离 $L'_{长}$替代表 3.2.12—2 中 L'后的计算长度。

3）与道岔前后连接的曲线设有缓和曲线时,可不插入直线段。

4）驼峰溜放部分线路道岔可不插入直线段,直接连接圆曲线。

3.2.13 道岔后连接曲线半径应与相邻道岔的侧向容许通过速度相匹配。

7.1.5 中间站牵出线的设置应符合下列规定:

3 当利用岔线进行调车作业时,进站信号机应外移,外移距离不宜超过 400 m。其平、纵断面及瞭望条件应符合调车作业的要求,困难条件下,曲线半径不应小于 300 m,坡度不应大于 6‰。

11.2.1 驼峰溜放部分的线路平面应符合下列规定:

1 应采用线束形布置,每个线束的调车线数量宜为 6 条~8 条;应采用 6 号对称道岔,困难条件下,可采用其他对称道岔;当调车场外侧线路连接特别困难时,个别可采用 9 号单开道岔。调车线数量较少的小能力驼峰,当采用 6 号对称道岔布置有困难时,可采用 9 号单开道岔和复式梯线形平面布置。当改建特别困难时,可保留原有梯线形平面布置。

2 曲线半径不宜小于 200 m,困难时可采用 180 m。

3　曲线可直接连接除第一分路道岔岔前外的道岔基本轨或辙叉跟，此时轨距加宽和外轨超高可在曲线范围内处理。

11.2.2　峰顶至第一分路道岔基本轨轨缝间的最小距离应为30 m~40 m。当峰顶至第一分路道岔间设有道岔时，该距离可根据具体情况确定。

《铁路物流中心设计规范》(Q/CR 9133—2016)

6.4.1　装卸线的装卸有效长度范围内应设在直线上。在困难条件下作业量较小的铁路物流中心库外装卸线的装卸有效长度局部范围内可设在半径不小于600 m的曲线上。改建铁路特别困难条件下，可保留既有曲线半径。装卸车环线平面曲线半径不宜小于300 m，困难条件下不应小于250 m。

《铁路驼峰及调车场设计规范》(TB 10062—2018)

5.1.3　调车场应设在直线上。推送线、牵出线应设在直线上。困难条件下，推送线和牵出线距峰顶80 m范围以外可设在曲线上，其曲线半径不应小于1 000 m；特别困难条件下，曲线半径不应小于600 m，但不应设在反向曲线上。

改建驼峰及调车场特别困难条件下，可保留既有推送线、牵出线的曲线半径。

5.3.4　加速坡地段的曲线半径不宜小于250 m，其他地段的曲线半径不应小于200 m，在不增加驼峰溜放部分长度的情况下，应采用较大半径。仅当驼峰平面连接困难时，最后分路道岔后的连接曲线可个别采用180 m的曲线半径。曲线地段不应设超高。

道岔后连接曲线宜避免设同向或反向曲线。必须设置时，两曲线间应设置不小于15 m的直线段，困难条件下，可设置不小于 10 m 的直线段。

5.3.5 曲线可直接连接道岔基本轨或辙叉跟(第一分路道岔岔前除外),此时轨距加宽可在曲线范围内处理,在平面布置允许的条件下,可设置不小于接头夹板长度之半的直线段。第一分路道岔岔前直线段长度不应小于 1.85 m,困难条件下不应小于 0.55 m。

5.4.6 编发线的岔后连接曲线半径不宜小于 300 m,困难条件下不应小于 250 m,特别困难条件下不应小于 200 m;调车线的岔后连接曲线半径不宜小于 300 m,困难条件下不应小于 200 m。

第四节　纵断面规定

合理设置线路纵断面能够提高牵引质量、确保运输安全,过大且连续坡道不但影响运输效率,也严重影响轨道稳定性,并大大缩短钢轨使用寿命。

一、区间纵断面坡度、坡长及竖曲线的选用规定

《铁路线路设计规范》(TB 10098—2017)

6.4.1 客货共线铁路限制坡度不应大于表 6.4.1 规定的数值。

表 6.4.1　客货共线铁路限制坡度最大值

单位:‰

铁路等级		Ⅰ级			Ⅱ级		
地形地别		平原	丘陵	山区	平原	丘陵	山区
牵引种类	电力	6.0	12.0	15.0	6.0	15.0	20.0
	内燃	6.0	9.0	12.0	6.0	9.0	15.0

6.4.2 客货共线铁路根据地形、工程和运输需求，经比选可采用加力牵引坡度。加力牵引坡度的使用应符合下列规定：

3 客货共线Ⅰ和Ⅱ级铁路电力、内燃牵引的加力牵引坡度值分别不得大于30‰和25‰。

4 采用相同类型的机车加力牵引时，各种限制坡度相应的加力牵引坡度可采用表6.4.2规定的数值。

表6.4.2　电力和内燃牵引的加力牵引力坡度

单位：‰

<table>
<tr><th rowspan="2">限制坡度</th><th colspan="2">双机牵引坡度</th><th colspan="2">三机牵引坡度</th></tr>
<tr><th>电 力</th><th>内 燃</th><th>电 力</th><th>内 燃</th></tr>
<tr><td>4.0</td><td>9.0</td><td>8.5</td><td>14.0</td><td>13.0</td></tr>
<tr><td>5.0</td><td>11.0</td><td>10.5</td><td>16.5</td><td>15.5</td></tr>
<tr><td>6.0</td><td>13.0</td><td>12.5</td><td>19.0</td><td>18.5</td></tr>
<tr><td>7.0</td><td>14.5</td><td>14.5</td><td>21.5</td><td>21.0</td></tr>
<tr><td>8.0</td><td>16.5</td><td>16.0</td><td>24.0</td><td>23.5</td></tr>
<tr><td>9.0</td><td>18.5</td><td>18.0</td><td>26.5</td><td rowspan="8">25.0</td></tr>
<tr><td>10.0</td><td>20.0</td><td>20.0</td><td>29.0</td></tr>
<tr><td>11.0</td><td>22.0</td><td>21.5</td><td rowspan="6">30.0</td></tr>
<tr><td>12.0</td><td>24.0</td><td>23.5</td></tr>
<tr><td>13.0</td><td>25.5</td><td rowspan="4">25.0</td></tr>
<tr><td>14.0</td><td>27.5</td></tr>
<tr><td>15.0</td><td>29.0</td></tr>
<tr><td>16.0</td><td>30.0</td></tr>
</table>

注：内燃牵引的加力牵引坡度值系按机车牵引力未进行海拔与气温修正计算的，条件不同时应按公式(6.4.2)计算确定。

6.4.4 轻、重车方向货流显著不平衡，远期也不致发生巨大变化，且分方向采用不同限制坡度有显著经济价值时，可分方向选择限制坡度。客货共线Ⅰ级铁路仅在特殊困难条件下，有充分技术经济依据时方可分方向选择限制坡度。分方向选择限制坡度时应符合下列规定：

1 客货共线铁路轻车方向的最大坡度值不应大于重车方向的三机牵引坡度值，并应进行重车方向的下坡制动检算。

2 重载铁路轻车方向的最大坡度值不宜大于重车方向最大坡度值的 2 倍；当设计线的货流具有完全单方向性时，也不应大于重车方向最大坡度值的 3 倍，并应进行重车方向的下坡制动检算。

6.4.5 改建既有线时，对局部超过限制坡度的地段，当降坡将引起困难工程，且运营实践和牵引计算检算证明列车可以利用动能以不低于机车计算速度通过的坡度时，可予保留，但既有线为双线时，不应妨碍自动闭塞的采用。增建第二线时，对既有线超过限制坡度的地段，可作为单方向行车的下坡线，但不应妨碍自动闭塞的采用。

6.4.7 最大坡度的减缓（折减）应符合下列规定：

1 平面曲线范围内应进行曲线阻力所引起的坡度减缓，其减缓值应按下列公式计算确定：

1）当曲线长度大于或等于货物列车长度时：

$$\Delta i_{\mathrm{r}}=\frac{600}{R} \tag{6.4.7—1}$$

2）当曲线长度小于货物列车长度时：

$$\Delta i_{\mathrm{r}}=\frac{10.5\sum\alpha}{l} \tag{6.4.7—2}$$

式中 Δi_{r}——曲线阻力所引起的坡度减缓值（‰）；

R——曲线半径（m）；

l——坡段长度（m），当其大于货物列车长度时采用货物列车长度；

$\sum\alpha$——坡段长度或货物列车长度内平面曲线偏角总和(°)。

2　长度大于 400 m 的内燃牵引铁路隧道、电力牵引重载铁路单洞单线隧道和 160 km/h 及以下客货共线铁路单洞单线隧道内的线路坡度，不得大于最大坡度乘以表 6.4.7—1 规定的系数所得的数值。

表 6.4.7—1　内燃、电力牵引铁路隧道内线路最大坡度折减系数

隧道长度/m	内燃牵引	电力牵引	
		160 km/h 及以下客货共线铁路单洞单线	重载铁路单洞单线
400<L≤1 000	0.90	0.95	
1 000<L≤4 000	0.80	0.90	
L>4 000	0.75	0.85	

3　长度大于 1 000 m 的电力牵引客货共线铁路 120 km/h 及以上单洞双线和 200 km/h 单洞单线隧道内的线路坡度，不得大于最大坡度减去表 6.4.7—2 规定的减缓值所得的数值。

表 6.4.7—2　电力牵引客货共线铁路隧道内线路最大坡度减缓值

单位：‰

隧道长度/m	设计速度 200 km/h		设计速度 160 km/h	设计速度 120 km/h
	单洞单线	单洞双线	单洞双线	单洞双线
1 000<L≤5 000	0.46	0.09	0.13	0.29
5 000<L≤15 000	0.76	0.27	0.32	0.53
15 000<L≤25 000	0.89	0.35	0.40	0.62
L>25 000	0.93	0.37	0.43	0.66

4　长度大于 5 000 m 的电力牵引重载铁路单洞双线隧道内线路坡度，不得大于最大坡度减去表 6.4.7—3 规定的减缓

值所得的数值。

表 6.4.7—3　电力牵引重载铁路单洞双线隧道内线路最大坡度减缓值

隧道长度/m	5 000<L≤10 000	10 000<L≤15 000	L>15 000
坡度减缓值/‰	0.06	0.14	0.20

5　位于曲线地段的隧道,应先进行隧道坡度减缓(折减),再进行曲线坡度减缓。

6　内燃机车牵引列车通过长度小于或等于 1 000 m 的隧道时,最低运行速度不得小于机车的最低计算速度 v_{jmin},隧道长度大于 1 000 m 时不得小于(v_{jmin}+5 km/h)。达不到上述要求时,应在隧道外设计加速缓坡。

7　改建既有线按上述规定减缓或折减将引起巨大工程时,可以保留原标准。

6.4.8　相邻坡段的连接宜设计为较小的坡度差。相邻坡段的坡度差不宜大于表 6.4.8 规定的数值。改建既有线如有充分技术经济依据时,其相邻坡段的坡度差可保留原数值。

表 6.4.8　相邻坡段最大坡度差

单位:‰

远期到发线有效长度/m		1 050 及以上	850	750	650
工程条件	一般	8	10	12	15
	困难	10	12	15	18

6.4.9　纵断面宜设计为较长的坡段,坡段长度应符合下列规定:

2　旅客列车设计速度为 160 km/h 的路段,坡段长度不应小于 400 m,且不应连续使用两个以上。

3　旅客列车设计速度小于 160 km/h 的路段,应符合下列规定:

1）坡段长度不宜小于表6.4.9规定的数值。

2）凸形纵断面顶部为缓和坡度差而设置的分坡平段的长度不应小于200 m。

3）困难条件下，因坡度减缓或折减而形成的坡段、长路堑内为排水而设置的人字坡坡段长度均可减至200 m。

4　改建既有线和增建第二线的坡段长度在困难条件下可减至200 m。

表6.4.9　最小坡段长度

远期到发线有效长度/m	1 050及以上	850	750	650
最小坡段长度/m	400	350	300	250

6.4.10　竖曲线的设置应符合下列规定：

1　相邻坡段的坡度差符合下列条件时，应以圆曲线型竖曲线连接。

1）路段设计速度为160 km/h及以上的地段，当相邻坡段的坡度差大于1‰时，竖曲线半径不得小于15 000 m。

2）当路段设计速度小于160 km/h，相邻坡段的坡度差大于3‰时，竖曲线半径不得小于10 000 m。

2　改建既有线时，当既有线是采用抛物线型竖曲线，且折算竖曲线半径不小于上述规定时，可保留既有线的坡段连接标准。特别困难条件下，竖曲线的位置可不受缓和曲线位置的限制。

6.4.11　增建的第二线与既有线在共同路基上且线间距不大于5 m时，两线的轨面高程宜相等。困难条件下，个别地段的两线轨面高程差可不大于30 cm，但在易受雪埋的地段，轨面高程差不应大于15 cm。道口处相邻两线不宜有轨面高程差，困难条件下高程差不应大于10 cm。

6.4.12 改建既有线纵断面利用道砟起道提高轨面高程时,起道高度不宜大于 50 cm。降低轨面高程需挖切道床时,个别地点的道床厚度可较规定标准减小 5 cm,但道床厚度不得小于 25 cm。降低轨面高程不宜采用挖切路基的措施,仅在受建筑限界、建筑物构造限制及为消除路基病害地段方可采用。

6.4.13 明桥面桥地段的线路坡度宜设计为平坡。当设计为坡道时一般条件下不宜大于4‰,困难条件下不应大于12‰,并有充分的经济技术依据。

二、站场纵断面坡度、坡长及竖曲线的选用规定

《铁路线路设计规范》(TB 10098—2017)

6.4.14 车站站坪坡度应符合下列规定:

1 到发线有效长度范围的正线宜设计为平坡。困难条件下,可设计为不大于 1.0‰的坡度;特殊困难条件下,有充分技术经济依据时,会让站、越行站可设计为不大于 6‰的坡度,但不应连续设置。改建车站在特殊困难条件下,如有充分技术经济依据,可保留既有坡度,但应采取防溜安全措施。

2 咽喉区的正线坡度,宜与到发线有效长度范围内的坡度相同。特殊困难条件下,咽喉区的正线坡度不应大于限制坡度减 2‰,且区段站、客运站咽喉区的正线坡度不应大于2.5‰,中间站、会让站、越行站咽喉区的正线坡度不应大于 10‰,并满足车站技术作业要求。

3 咽喉区外的个别道岔和渡线的坡度不应大于限制坡度。

4 改建车站的咽喉区,在特殊困难条件下,有充分技术经济依据时,可设计为不大于限制坡度或双机牵引坡度的坡道,

但区段站和中间站、会让站、越行站咽喉区的坡度分别不得大于4‰和15‰，并满足车站技术作业要求。

6.4.15　旅客乘降所应设计为能保证旅客列车起动且坡度不大于8‰的坡道。特殊困难条件下，有充分技术经济依据时，可设计为坡度大于8‰的坡道。

《铁路技术管理规程（普速铁路部分）》（TG/01—2014）（铁总科技〔2014〕172号）

第162条　……机务段宜设置在客、货列车始发终到较多，车流大量集散的枢纽地区，有利于机车的集中配置使用。段内停放机车和整备作业的线路应平直，线路纵断面的坡度不得超过1‰。

> **专业管理意见4**：新建线路车站咽喉区不应设在重车方向大于5‰的下坡道上，改建线路车站咽喉区不应设在重车方向大于10‰的下坡道上。

三、进出站线路和站线的纵断面规定

《铁路车站及枢纽设计规范》（TB 10099—2017）

3.3.1　进出站线路的纵断面应符合下列规定：

2　运行机车牵引客车的线路最大坡度不宜大于15‰，困难条件下不应大于20‰。

3　仅单方向运行货物列车的线路可设在大于限制坡度的下坡道上，其最大坡度：单机牵引时，不应大于12‰，特别困难条件下不应大于15‰；加力牵引时，电力牵引不应大于30‰，内燃牵引不应大于25‰。……

3.3.2　技术作业站各车场和相关线路的纵断面应符合下列

规定：

1 到达场、到发场和出发场宜设在平道上，困难条件下，可设在不大于1‰的坡道上。

3.3.3 办理解编作业的牵出线宜设在平道上，也可设在不大于2.5‰的面向调车线的下坡道上。办理摘挂、取送作业的物流中心或其他场、段的牵出线，宜设在不大于1‰的坡道上；困难条件下，可设在不大于6‰的坡道上。

3.3.4 货物装卸线应设在平道上，困难条件下可设在不大于1‰的坡道上，液体货物、危险货物装卸线应设在平道上。货物装卸线起讫点距离凸形竖曲线始、终点不应小于15 m。安装轨道衡、货车超偏载检测装置、定量装车系统、翻车机等设备的线路坡度应根据设备技术要求设计。

3.3.5 段所工区外走行线的坡度应符合下列规定：

1 动车段所走行线的最大坡度不宜大于30‰，困难条件下不应大于35‰。

2 客车车底取送线的坡度不宜大于12‰，困难条件下可根据牵引计算确定；兼作牵出线时坡度不应大于6‰。

3 段所外机车走行线的坡度不宜大于12‰，设立交时不应大于30‰。在站、段(所)分界处，应有不小于2台机车长度加10 m的机车停留位置，其坡度不应大于2.5‰。

4 车辆出入段线路的坡度应满足车辆取送和段内转线调车的需要。

5 养护维修列车走行线的坡度不宜大于30‰，困难条件下不应大于35‰。

3.3.6 段所工区内线路的坡度应符合下列规定：

1 站修线、洗罐线和建(构)筑物内的线路应设在平道上。段所工区内其余线路宜设在平道上，在困难条件下，可设在不大于1‰的坡道上。

2　机待线应设在平道或面向车挡不大于5‰的上坡道上。转车盘前应设长度不小于50 m的平坡段。

3　段所工区咽喉区的线路坡度不宜大于2.5‰，困难条件下不应大于6‰。

3.3.7　站线坡段长度应符合下列规定：

1　进出站线路的坡段长度应采用相邻路段正线的标准，困难条件下，疏解线路的坡段长度不应小于200 m。

2　……客货共线铁路、重载铁路车站到发线的坡段长度不宜小于表3.3.7的规定。

表3.3.7　车站到发线最小坡段长度

单位：m

远期到发线有效长度	1 050及以上	850	750	650
坡段长度	400	350	300	250

注：路段设计速度160 km/h及以上地段，最小坡段长度不应小于400 m，且不宜连续使用2个以上。

3　除到发线外的站线坡段长度，通行列车时不应小于200 m，不通行列车时不应小于50 m。

3.3.8　站线坡段连接应符合下列规定：

1　进出站线路坡段连接应采用相邻路段正线标准。

3　客货共线铁路、重载铁路到发线和通行列车的站线，相邻坡段的坡度差大于4‰时，可采用5 000 m半径的竖曲线；困难条件下，竖曲线半径不应小于3 000 m。

4　不通行列车的站线，相邻坡段的坡度差大于5‰时，可采用3 000 m半径的竖曲线；困难条件下，设立交的机车走行线，可采用半径不小于1 500 m的竖曲线；高架卸货线可采用半径不小于600 m的竖曲线。

3.3.9 道岔与竖曲线起终点、变坡点的设置应符合下列规定：

2 客货共线铁路、重载铁路正线上的道岔不应设置在竖曲线范围内和变坡点上。

3 到发线上道岔不应与竖曲线或变坡点重叠。

4 其余站线上的道岔不宜与竖曲线或变坡点重叠。困难条件下，改建铁路必须布置时，在通行列车的站线上，竖曲线半径不应小于 10 000 m；在不通行列车的站线上，竖曲线半径不应小于 5 000 m。

3.3.10 站内线路轨面高差及坡道顺接应符合下列规定：

2 客货共线铁路、重载铁路车站的咽喉区范围内两相邻线路有轨面高差时，应根据正线限制坡度、站坪坡度、路基面横向坡度和道床厚度等因素设计线路的顺接坡道。顺接坡道范围宜为道岔普通岔枕后至警冲标或货物线装卸有效长度起点。顺接坡道的相邻坡段坡度差，到发线和通行列车的站线不宜大于 4‰，其他站线不宜大于 5‰，坡段长度不应小于 50 m。

3 落差不满足顺接坡道要求时，根据车站的具体情况，可采用减缓路基面横向坡度、加厚道床、铺设双层道床和将顺接坡道适当伸入线路有效长度范围内等措施予以调整。

《铁路物流中心设计规范》(Q/CR 9133—2016)

6.4.3 装卸线装卸有效长度范围内应设在平道上。既有线改建在困难条件下，除液体货物装卸线、危险货物装卸线、有轨道式门式起重机进行装卸作业的装卸线、仓库和货棚内装卸线等外，其他装卸线可设在不大于 1‰的坡道上。

6.4.4 安装轨道衡、货车超偏载检测装置、定量装车系统、翻车机等设备的线路平、纵断面应根据设备技术要求设计。轨道衡前后平直线路长度应满足轨道衡技术要求，且在此区段内不应设置道岔，困难条件下坡度不应大于2‰。货车超偏载检测装置前后各不小于100 m线路应为平直线，检测区距道岔的距离应大于50 m，困难条件下坡度不应大于2‰。定量装车系统前后各不小于35 m线路应为平直线。翻车机卸车线应设在平直线上，困难情况下，翻车机房外线路可设在不大于1‰坡度上。

《铁路驼峰及调车场设计规范》（TB 10062—2018）

6.1.3　驼峰推送部分应设计为多段坡，靠峰顶应设一段压钩坡。压钩坡长度不应小于50 m，不宜大于100 m；坡度不应小于10‰，不宜大于20‰，困难条件下不应大于30‰。

6.1.5　驼峰溜放部分线路纵断面宜设计为面向调车场的下坡，其坡段组成应符合下列规定：

1　加速坡的坡度不应大于55‰，困难条件下不应小于35‰。加速坡与中间坡的变坡点宜设在第一分路道岔基本轨前。

2　中间坡可设计为一段坡至三段坡。溜放部分不设减速器时，坡度不宜小于5‰；溜放部分设减速器时，坡度不宜小于8‰，寒冷地区应适当加大。

3　道岔区坡可设计为一段坡或二段坡，平均坡度不宜大于2.5‰，边缘线束不应大于3.5‰。最后分路道岔后可设计为下坡，也可设计为平坡或0.6‰的反坡。坡段长度不宜小于50 m。

4　加速坡、中间坡的道岔前设变坡点时，竖曲线起终点距道岔基本轨接缝的距离不应小于0.55 m。

6.1.7　调车场连挂区范围内线路纵断面宜根据驼峰类型、调速系统种类设计为一段坡或多段坡的下坡。坡段长度不宜小于 50 m。调车场各线路在连挂区范围内的纵断面宜相同，相邻调车线的轨面高差宜满足各调车线的峰高要求及驼峰溜放部分、调车场尾部纵断面顺接的需要，当两相邻线间距在 5.0 m 及以内并处于同一横坡面上时，轨面高差不宜大于 0.1 m。

6.1.8 峰顶净平台长度宜采用 7.5 m~10 m。

6.1.9 连接驼峰线路各坡段的竖曲线半径，峰顶邻接加速坡应为 350 m，邻接压钩坡不应小于 350 m，其余溜放部分不应小于 250 m，迂回线不应小于 1 500 m。

6.1.10 禁溜线的纵断面应设计为凹形，始端道岔至警冲标附近应设计为下坡，中间停车部分宜设计为平坡，距车挡 10 m 范围内应设计为 10‰的上坡。

6.1.11 迂回线的纵断面最大坡度不宜大于 20‰，根据需要在驼峰峰顶附近宜设置一段平坡。迂回线的坡段长度不应小于 50 m。迂回线与禁溜线合设时，作禁溜线使用的线路部分应符合禁溜线纵断面的要求。

6.5.1 调车场尾部平面调车牵出线应设在不大于 2.5‰的面向调车场的下坡道上或平道上，并保证反牵整列停车后能够启动。在坡度牵出线与其连接的编组摘挂等多组列车线束的咽喉区入口处设一加速坡段。

6.5.2 调车场尾部应采用面向调车场的下坡，线路纵断面宜符合下列规定：

1 调车场尾部无摘挂等多组列车编组作业时，宜采用 1.5‰~2.5‰的下坡，高差不宜小于 0.3 m，困难情况下不应小于 0.2 m。

2 调车场尾部办理摘挂等多组列车编组作业，但无单独线办理时，该下坡道可加大到 4‰，但应保证牵出车列在任何地段停车后能够启动。

6.5.3 调车场尾部有单独线束进行摘挂等多组列车编组作业时,该线束纵断面宜符合下列规定:

1 道岔区平均坡度不宜大于2.5‰,边缘线路不应大于3.5‰。在道岔集中地段,其坡度不宜小于1.5‰。

2 尾部有效控制长度内坡度可按中行车和易行车的当量坡度设计为两段坡。

6.5.4 调车场尾部设置辅助调车场时,纵断面可按相应的调速方式确定。

第四章　钢轨及联结零件

钢轨是轨道重要的组成部分，钢轨直接与车轮接触承担受力传力作用，应根据运营情况和线路平面条件合理选用钢轨轨型、材质。

一、钢轨的定义

《铁路线路词汇》(GB/T 36505—2018)

4.8　钢轨：用钢轧制的一定长度的工字形断面型钢，是直接支承和引导车轮的构件。

二、钢轨轨型选用规定

《钢轨使用规范》(Q/CR 583—2017)

3.1　高速和普速铁路正线应采用 60 kg/m 钢轨，重载铁路正线应采用 60 kg/m 及以上钢轨。

3.2　到发线应采用 60 kg/m 或 50 kg/m 钢轨，其中：动车组、重载重车通过的到发线应采用 60 kg/m 钢轨，驼峰溜放部分线路及其他站线可采用 50 kg/m 钢轨。

3.3　正线铁路(道岔除外)宜采用 60N、75N 廓形钢轨。

4.1　新建、改建、大修铁路无缝线路地段应选用长定尺钢轨，维修轨宜选用长定尺钢轨：

a) 60 kg/m 钢轨应选用 100 m 定尺钢轨；

《铁路轨道设计规范》(TB 10082—2017)

9.0.5　采用不同类型钢轨铺设有缝线路轨道时，同一类型钢轨设计长度不宜小于 200 m。

三、钢轨材质和强度等级选用规定

《钢轨使用规范》(Q/CR 583—2017)(含第 1 号修改单)

5.1.2　直线区段应选用耐磨性能适中的钢轨，曲线和道岔区段应选用在线热处理钢轨或耐磨性、强韧性良好的钢轨。

5.1.3　大修、维修换轨时，可根据钢轨的磨耗情况，选用强度等级更高的耐磨钢轨或在线热处理钢轨。

5.3.1　在年通过总重大于或等于 50 Mt 的直线及半径大于 1 600 m 曲线线路区段上，应选用强度等级不低于 980 MPa 的钢轨。在半径小于或等于 1 600 m 的曲线上应选用强度等级不低于 1 180 MPa 的在线热处理钢轨。

5.3.2　在年通过总重小于 50 Mt 的直线及半径大于 1 600 m 曲线线路区段的线路上，应选用强度等级不低于 880 MPa 的钢轨，山区线路应选用强度等级不低于 980 MPa 的钢轨。在半径小于或等于 1 600 m 曲线区段上应选用不低于 1 080 MPa 的钢轨。

5.4.1　重载铁路直线及半径大于 1 600 m 的曲线区段应选用强度等级不低于 980 MPa 的钢轨。

5.4.2　(重载铁路)在半径不大于 1 600 m 的曲线区段应选用强度等级不低于 1 180 MPa 的在线热处理钢轨。

《铁路无缝线路设计规范》(TB 10015—2012)

3.1.1　无缝线路钢轨的抗拉强度不应低于 880 MPa。钢轨定尺长可为 100 m、75 m 或 25 m。

3.1.2　道岔、钢轨伸缩调节器及胶接绝缘接头所用钢轨宜与相连钢轨同轨型、同钢种。半径不大于 800 m 的曲线地段及大坡度地段,宜采用热处理钢轨或高强度钢轨。

四、钢轨外观及耐久性规定

《钢轨　第1部分:43 kg/m~75 kg/m钢轨》(TB/T 2344.1—2020)

7.9.4　在冷状态下形成的钢轨纵向及横向划痕等缺陷最大允许深度:

a)钢轨走行面和轨底下表面(轨底下表面不应有横向划痕):……

《普速铁路线路修理规则》(TG/GW 102—2019)(铁总工电〔2019〕34号)

第3.6.13条　……防止在钢轨(道岔轨件)任何部位出现机械伤损。

《铁路旧轨使用和整修技术条件》(Q/CR 407—2024)

9.8　再用轨使用寿命要求如下:

a)正线再用轨:……再用轨使用年限不宜超过20年。

五、异形钢轨使用的规定

《铁路轨道设计规范》(TB 10082—2017)

4.0.8　不同类型的钢轨连接时应采用异形钢轨连接。

4.0.12　站线轨道的同一股道宜铺设同类型的钢轨。困难条件下,除使用铁鞋制动的调车线外,其余站线可铺设两种不同类型的钢轨,并应采用异形钢轨连接。

《钢轨使用规范》(Q/CR 583—2017)

6.1　正线不同轨型钢轨应采用对称断面异形钢轨连接,对称断面异形钢轨应优先采用整体锻造成型的方法生产,也可采用压制成型的方法生产。

6.2　非对称断面钢轨采用锻造压制成对称断面钢轨与其他钢轨连接,非对称断面异形钢轨应采用整体锻造成型的方法生产。

《普速铁路线路修理规则补充规定》(TG/GW 102A—2022)(铁工电〔2022〕78号)

第一条　对称断面异形钢轨使用应符合下列规定:

2. 不同轨型的钢轨应使用对称断面异形钢轨联结。对称断面异形钢轨的强度等级应不低于两端联结钢轨。

3. 客货共线Ⅰ级铁路正线不应铺设除75-60对称断面异形钢轨外的其他对称断面异形钢轨。

4. 对称断面异形钢轨不应设置在道口、平过道、轨下基础状态不良地段以及正线桥梁、隧道、半径小于600 m曲线地段。

5. 正线、客车径路到发线设置的对称断面异形钢轨,其成型段应与联结钢轨冻结、胶接或焊接,不得使用普通夹板联结。

六、钢轨焊接规定

《铁路轨道设计规范》(TB 10082—2017)

8.0.6　钢轨应采用工厂化闪光焊焊接,工厂化焊接长轨条长度不宜小于500 m。现场钢轨焊接应采用闪光焊,道岔内及道岔两端与区间线路钢轨的锁定焊可采用铝热焊。……

《铁路无缝线路设计规范》(TB 10015—2012)

4.5.6　工地焊接接头不应设置在不同轨道结构过渡段以及不同线下基础过渡段范围内,并距离桥台边墙和桥墩不应小于2 m。

专业管理意见 5：根据国铁集团工电部、建设部《关于青藏公司格库线尕斯湖站 228 道岔曲股焊缝折断的通报》(工电线路电〔2025〕5 号)，新建、改建铁路应使用闪光焊和气压焊替代铝热焊。

七、钢轨接头的规定

《铁路线路词汇》(GB/T 36505—2018)

4.18 钢轨接头：两根钢轨相连接的部分。

4.23 异形接头：用异形接头夹板连接两种不同钢轨断面的接头。

《铁路工程术语标准》(GB/T 50262—2024)

5.1.18 绝缘接头：用绝缘材料隔断钢轨电流的钢轨接头。

5.1.19 胶接绝缘接头：由胶粘剂胶合的绝缘接头。

5.1.20 焊接接头：将两钢轨端头用焊接连接的钢轨接头。

5.1.21 冻结接头：使轨缝不发生变化的钢轨接头。

《铁路轨道设计规范》(TB 10082—2017)

9.0.1 有缝线路钢轨接头应采用相对式。曲线地段外股应使用标准长度钢轨，内股应使用厂制缩短轨调整钢轨接头位置。两股钢轨接头相对偏差直线不应大于 40 mm，曲线不应大于 40 mm 加缩短量的 1/2。

9.0.6 下列位置不应有钢轨接头，特殊困难时，应将钢轨接头焊接、胶接或冻结：

1 明桥面小桥的全桥范围内。

2 桥梁端部、拱桥温度伸缩缝和拱顶等处前后 2 m 范围内。

3 设有钢轨伸缩调节器钢梁的温度跨度范围内。

4　钢梁的横梁顶上。

5　道口范围内。

八、钢轨轨缝的规定

《铁路技术管理规程(普速铁路部分)》(TG/01—2014)(铁总科技〔2014〕172号)

第44条　钢轨接头的预留轨缝应根据钢轨长度、当地历史最高及最低轨温、更换钢轨或调整轨缝时的轨温经计算确定。绝缘接头的最小轨缝为6 mm,最大轨缝为构造轨缝。长度大于或等于25 m钢轨铺设在历史最高与最低轨温差大于100 ℃的地区时,预留轨缝应进行个别设计。

(二)《铁路轨道设计规范》(TB 10082—2017)

9.0.3　有缝线路轨道设计时钢轨接头轨缝宜按8 mm取值。……

9.0.4　轨缝应均匀设置,25 m钢轨地段每千米轨缝总偏差不得大于80 mm。钢轨绝缘接头轨缝不得小于6 mm。

九、钢轨接头螺栓、螺母及垫圈使用规定

《铁路轨道设计规范》(TB 10082—2017)

4.0.9　钢轨接头螺栓和螺母的强度等级及垫圈类型应符合下列规定:

1　正线钢轨接头螺栓应采用10.9级高强度接头螺栓,螺母应采用10级高强度螺母,垫圈应采用高强度平垫圈。

2　站线60 kg/m钢轨接头螺栓应采用10.9级高强度接头螺栓,垫圈应采用高强度平垫圈;50 kg/m钢轨接头螺栓应采用8.8级及以上高强度接头螺栓,垫圈应采用单层弹簧垫圈;螺母均应采用10级高强度螺母。

第五章　扣　　件

扣件是连接钢轨与轨枕的核心部件，由弹条、弹性垫板、挡板座及金属部件等组成，其类型应与钢轨及轨枕类型相匹配。

第一节　相关定义

扣件按照联结形式有分开式和不分开式两种扣件系统，应根据轨道类型和运营情况合理选用。

一、扣件基本定义

《铁路工程术语标准》（GB/T 50262—2024）

5.1.5　扣件：将钢轨扣压在轨枕或其他轨下基础上的联结零件。

二、扣件形式定义

《铁路线路词汇》（GB/T 36505—2018）

4.29　不分开式扣件：通过或不通过铁垫板直接把钢轨固定于支承结构上的扣件。

4.30　分开式扣件：将钢轨独立固定在铁垫板上，铁垫板固定在支承结构上的扣件。

第二节 扣件适用范围

扣件应与轨型、曲线半径、轨道类型、工作环境等匹配。

一、弹条Ⅰ型扣件适用范围

《弹条Ⅰ型扣件》(TB/T 1495—2020)

1 范围

本标准适用于客货共线铁路直线及曲线半径不小于 295 m 线路、各类铁路站线的有砟轨道混凝土枕 50 kg/m 钢轨用弹条Ⅰ型扣件。

二、弹条Ⅱ型扣件适用范围

《弹条Ⅱ型扣件》(TB/T 3065—2020)

1 范围

本标准适用于客货共线铁路直线及曲线半径不小于 295 m 线路、各类铁路站线的有砟轨道混凝土枕 60 kg/m 或 75 kg/m 钢轨用弹条Ⅱ型扣件。

三、弹条Ⅲ型扣件适用范围

《弹条Ⅲ型扣件》(TB/T 3570—2021)

1 范围

本文件适用于客货共线铁路直线及曲线半径不小于 350 m 线路有砟轨道混凝土枕 60 kg/m 钢轨用弹条Ⅲ型扣件。

四、小阻力扣件适用范围

《客货共线有砟轨道小阻力扣件》(Q/CR 671—2018)

1　范围

本标准适用于客货共线铁路直线及曲线半径不小于600 m线路混凝土枕有砟轨道60 kg/m钢轨用小阻力扣件。

第三节　弹条Ⅰ型扣件

弹条Ⅰ型扣件的弹条分A型、B型两种,可通过表面的型号标志判别,应与配套的14号、20号轨距挡板搭配使用。

一、弹条Ⅰ型扣件弹条的相关规定

《弹条Ⅰ型扣件》(TB/T 1495—2020)

A. 1. 2　弹条分A型和B型两种。

6. 1. 2　(Ⅰ型弹条)**形式尺寸及标志**

弹条的形式尺寸及标志应符合下列规定:

b) 弹条中部最小直径不应小于12. 3 mm,尾部最小直径不应小于12. 6 mm。……

c) 弹条置道钉处宽度为$26_{-1.5}^{0}$ mm。

d) 弹条置道钉处最前端圆弧直径处宽度不应小于24 mm。

e) 弹条放在平台上两侧肢前端和跟端应与平台接触,如有一处不接触,其翘起高度不应大于0. 8 mm。

f) 弹条平置时,两侧肢直线段与同一平面的接触长度(将弹条两侧肢前端与同一平面接触,在侧肢前端直线段插入0. 3 mm塞尺,该段端部到塞尺边缘的距离即为接触长度)均不应小于 5 mm,两侧肢不应有反翘。

g) A 型和 B 型弹条表面应分别有“ⅠA”和“ⅠB”产品型号标志。

6.1.3 (Ⅰ型弹条)**外观**

弹条不应有影响组装的毛刺和刻痕。

6.1.4 (Ⅰ型弹条)**裂纹**

弹条的表面不应有裂纹。

6.1.9 (Ⅰ型弹条)**扣压力**

A 型弹条的扣压力不应小于 8.0 kN,B 型弹条的扣压力不应小于 9.0 kN。

二、弹条Ⅰ型扣件轨距挡板的相关规定

《弹条Ⅰ型扣件》(TB/T 1495—2020)

A.1.3 轨距挡板分中间和接头两种,每种分 14、20 两个号码。除 14 号接头轨距挡板配套安装 B 型弹条外,其余均配套安装 A 型弹条。

6.2.2 (轨距挡板)**形式尺寸及标志**

轨距挡板的形式尺寸及标志应符合下列规定:

b) 轨距挡板应四角平稳,如有不平,其中一角翘起高度不应大于 0.8 mm;

c) 轨距挡板与钢轨接触面 1∶4 斜面平面度为 0.3 mm。

6.2.3 (轨距挡板)**外观**

轨距挡板表面应平整、无裂纹。轨距挡板与钢轨及挡板座的接触面不应有影响使用的毛刺、凸出,其余部位的毛刺、凸出不应大于 1 mm。

三、弹条Ⅰ型扣件铺设规定

《弹条Ⅰ型扣件》(TB/T 1495—2020)

A.2.2 螺旋道钉锚固后,应在锚固孔表面和螺旋道钉的圆台上表面以下四周均匀涂刷绝缘防锈涂料(树脂基锚固剂除外)。锚固孔表面周边的绝缘防锈涂料涂刷范围为以预留孔中心为圆心,半径为33 mm的圆周。锚固用绝缘防锈涂料应符合相关规定。绝缘防锈涂料涂刷完成后,绝缘防锈涂料表面与承轨面平齐,将承轨面上黏附的多余绝缘防锈涂料和锚固材料清除。

A.2.6 按表A.3或表A.4的规定安装挡板座和轨距挡板。表中所列轨距挡板和挡板座号码系正常情况下的配合。如因轨枕、钢轨及扣件制造偏差所用号码配置不合轨距要求时,可根据实际情况予以调整。挡板座应放平并与轨枕挡肩和承轨面密贴。轨距挡板后端应落入挡板座圆弧槽内,前端下表面应与轨底上表面密贴,下颚不应爬上轨底。

表A.3 轨距调整配置(配XⅡ型和$Ⅲ_a$型轨枕)

轨型/(kg/m)	轨距调整量/mm	左股钢轨				右股钢轨			
		外侧		内侧		内侧		外侧	
		挡板座号码	轨距挡板号码	轨距挡板号码	挡板座号码	挡板座号码	轨距挡板号码	轨距挡板号码	挡板座号码
50	-12	6	20	14	0	0	14	20	6
	-10	4	20	14	2	0	14	20	6
	-8	4	20	14	2	2	14	20	4
	-6	2	20	14	4	2	14	20	4
	-4	2	20	14	4	4	14	20	2
	-2	4	14	20	2	2	14	20	4
	0	4	14	20	2	4	14	20	2

续表 A.3

轨型/(kg/m)	轨距调整量/mm	左股钢轨				右股钢轨			
		外侧		内侧		内侧		外侧	
		挡板座号码	轨距挡板号码	轨距挡板号码	挡板座号码	挡板座号码	轨距挡板号码	轨距挡板号码	挡板座号码
50	+2	2	14	20	4	4	14	20	2
	+4	4	14	20	2	2	20	14	4
	+6	2	14	20	4	2	20	14	4
	+8	2	14	20	4	4	20	14	2
	+10	0	14	20	6	4	20	14	2
	+12	0	14	20	6	6	20	14	0

表 A.4　轨距调整配置(配既有Ⅰ型和Ⅱ型轨枕)

轨型/(kg/m)	轨距调整量/mm	左股钢轨				右股钢轨			
		外　侧		内　侧		内　侧		外　侧	
		挡板座号码	轨距挡板号码	轨距挡板号码	挡板座号码	挡板座号码	轨距挡板号码	轨距挡板号码	挡板座号码
50	−8	6	20	14	0	0	14	20	6
	−6	4	20	14	2	0	14	20	6
	−4	4	20	14	2	2	14	20	4
	−2	2	20	14	4	2	14	20	4
	0	2	20	14	4	4	14	20	2
	+2	4	14	20	2	2	14	20	4
	+4	4	14	20	2	4	14	20	2
	+6	2	14	20	4	4	14	20	2
	+8	4	14	20	2	2	20	14	4
	+10	2	14	20	4	2	20	14	4
	+12	2	14	20	4	4	20	14	2
	+14	0	14	20	6	4	20	14	2
	+16	0	14	20	6	6	20	14	0

A.2.8　在螺旋道钉上部螺纹处涂油后安装弹条、平垫圈、螺母。拧紧螺母,使弹条中部前端下颚与轨距挡板刚好接触,不

应过紧或过松。初始安装时弹条中部前端下颚与轨距挡板离缝不应大于1 mm,参考扭矩为80 N · m~100 N · m,在使用中弹条中部前端下颚与轨距挡板离缝不应大于2 mm;在半径小于600 m的曲线地段,应在弹条中部前端下颚与轨距挡板刚好接触后将螺母加拧四分之一圈,参考扭矩为120 N · m~150 N · m。在现场安装前,先取10组扣件进行安装,以测出弹条安装到位的实际扭矩,再按照实际扭矩的均值进行安装。使用中,螺母和螺旋道钉应定期涂油作业。

第四节　弹条Ⅱ型扣件

弹条Ⅱ型扣件应用范围广泛,外观与Ⅰ型弹条有一定差异,可通过表面的型号标志判别,应与配套的6号、10号轨距挡板搭配使用。

一、弹条Ⅱ型扣件弹条的相关规定

《弹条Ⅱ型扣件》(TB/T 3065—2020)

6.1.2　(Ⅱ型弹条)**形式尺寸及标志**

弹条的形式尺寸及标志应符合下列规定:

b) 弹条中部最小直径不应小于12. 3 mm,尾部最小直径不应小于12. 6 mm。……

c) 弹条置道钉处最前端圆弧直径处宽度不应小于24 mm。

d) 弹条放在平台上两侧肢前端和跟端应与平台接触,如有一处不接触,其翘起高度不应大于0. 8 mm。

e) 弹条平置时,两侧肢直线段与同一平面的接触长度(将弹条两侧肢前端与同一平面接触,在侧肢前端直线段插入0. 3 mm塞尺,该段端部到塞尺边缘的距离即为接触长度)均不应小于 5 mm,两侧肢不应有反翘。

f) 弹条表面应有"Ⅱ"产品型号标志。

6.1.3 (Ⅱ型弹条)**外观**

弹条不应有影响组装的毛刺和刻痕。

6.1.4 (Ⅱ型弹条)**裂纹**

弹条的表面不应有裂纹。

6.1.9 (Ⅱ型弹条)**扣压力**

弹条的扣压力不应小于 10.0 kN。

二、弹条Ⅱ型扣件轨距挡板的相关规定

《弹条Ⅱ型扣件》(TB/T 3065—2020)

A.1.2 轨距挡板中间、接头通用,分 6、10 两个号码。

6.2.2 (轨距挡板)**形式尺寸及标志**

轨距挡板的形式尺寸及标志应符合下列规定:

b) 轨距挡板四角应平稳,如有不平,其中一角翘起高度不应大于 0.8 mm;

c) 轨距挡板与钢轨接触面 1∶9 斜面平面度为 0.3 mm。

6.2.3 (轨距挡板)**外观**

轨距挡板表面应平整、无裂纹。轨距挡板与钢轨及挡板座的接触面不应有影响使用的毛刺、凸出,其余部位的毛刺、凸出不应大于 1 mm。

> **专业管理意见 6:**隧道内和装卸散装货物线路应安装盖形螺母;扣件系统应使用防锈蚀材质的金属部件和弹条,防锈蚀等级应根据使用环境合理选择。

三、弹条Ⅱ型扣件铺设规定

《弹条Ⅱ型扣件》(TB/T 3065—2020)

A. 2. 2 螺旋道钉锚固后,应在锚固孔表面和螺旋道钉的圆台上表面以下四周均匀涂刷绝缘防锈涂料(树脂基锚固剂除外)。锚固孔表面周边的绝缘防锈涂料涂刷范围为以预留孔中心为圆心,半径为 33 mm 的圆周。锚固用绝缘防锈涂料应符合相关规定。绝缘防锈涂料涂刷完成后,绝缘防锈涂料表面与承轨面平齐,将承轨面上黏附的多余绝缘防锈涂料和锚固材料清除。

A. 2. 6 按表 A. 3 或表 A. 4 的规定安装挡板座和轨距挡板。表中所列轨距挡板和挡板座号码系正常情况下的配合。如因轨枕、钢轨及扣件制造偏差,所用号码配置不合轨距要求时,可根据实际情况予以调整。挡板座应放平并与轨枕挡肩和承轨面密贴。轨距挡板后端应落入挡板座圆弧槽内,前端下表面应与轨底上表面密贴,下颚不能爬上轨底。

表 A. 3　轨距调整配置(配 XⅡ型和$Ⅲ_a$型轨枕)

轨型/(kg/m)	轨距调整量/mm	左股钢轨				右股钢轨			
		外侧		内侧		内侧		外侧	
		挡板座号码	轨距挡板号码	轨距挡板号码	挡板座号码	挡板座号码	轨距挡板号码	轨距挡板号码	挡板座号码
60	−12	6	10	6	0	0	6	10	6
	−10	6	10	6	0	2	6	10	4
	−8	4	10	6	2	2	6	10	4
	−6	4	10	6	2	4	6	10	2
	−4	2	10	6	4	4	6	10	2
	−2	2	10	6	4	2	10	6	4

续表 A.3

轨型/(kg/m)	轨距调整量/mm	左股钢轨				右股钢轨			
		外侧		内侧		内侧		外侧	
		挡板座号码	轨距挡板号码	轨距挡板号码	挡板座号码	挡板座号码	轨距挡板号码	轨距挡板号码	挡板座号码
60	0	4	6	10	2	2	10	6	4
	+2	2	6	10	4	2	10	6	4
	+4	2	6	10	4	4	10	6	2
	+6	0	6	10	6	4	10	6	2
	+8	0	6	10	6	6	10	6	0
注:75 kg/m 钢轨参照 60 kg/m 执行。									

表 A.4　轨距调整配置(配既有Ⅰ型和Ⅱ型轨枕)

轨型/(kg/m)	轨距调整量/mm	左股钢轨				右股钢轨			
		外侧		内侧		内侧		外侧	
		挡板座号码	轨距挡板号码	轨距挡板号码	挡板座号码	挡板座号码	轨距挡板号码	轨距挡板号码	挡板座号码
60	−8	6	10	6	0	0	6	10	6
	−6	6	10	6	0	2	6	10	4
	−4	4	10	6	2	2	6	10	4
	−2	4	10	6	2	4	6	10	2
	0	2	10	6	4	4	6	10	2
	+2	4	6	10	2	4	6	10	2
	+4	4	6	10	2	2	10	6	4
	+6	2	6	10	4	2	10	6	4
	+8	2	6	10	4	4	10	6	2
	+10	0	6	10	6	4	10	6	2
	+12	0	6	10	6	6	10	6	0
注:75 kg/m 钢轨参照 60 kg/m 执行。									

A.2.8 在螺旋道钉上部螺纹处涂油后安装弹条、平垫圈、螺母。拧紧螺母,使弹条中部前端下颚与轨距挡板刚好接触,不应过紧或过松。弹条中部前端下颚与轨距挡板离缝不应大于 1 mm,参考扭矩为 100 N · m~120 N · m,在使用中弹条中部前端下颚与轨距挡板离缝不应大于 2 mm;在半径小于 600 m 的曲线地段,应在弹条中部前端下颚与轨距挡板刚好接触后将螺母加拧四分之一圈,参考扭矩为 140 N · m~170 N · m。在现场安装前,先取 10 组扣件进行安装,以测出弹条安装到位的实际扭矩,再按照实际扭矩的均值进行安装。使用中,螺母和螺旋道钉应定期涂油作业。

第五节　弹条Ⅲ型扣件

弹条Ⅲ型扣件的扣压力较大,现场安装简单,但由于该扣件不能使用调高垫板,在线路冻胀严重地区使用受到限制。

一、弹条Ⅲ型扣件弹条的相关规定

《弹条Ⅲ型扣件》(TB/T 3570—2021)

A.2.1 使用本扣件不应在轨下安设调高垫板,以免造成弹条残余变形甚至折断。

6.1.2 (Ⅲ型弹条)**形式尺寸及标志**

弹条的形式尺寸及标志应符合下列规定:

b) 弹条中肢与跟端连接圆弧内侧不应出现明显折痕;

c) 弹条表面应有"Ⅲ"产品型号标志。

6.1.3 (Ⅲ型弹条)**外观**

弹条不应有影响组装的毛刺和刻痕。

6.1.4　(Ⅲ型弹条)**裂纹**

弹条的表面不应有裂纹。

6.1.8　(Ⅲ型弹条)**扣压力**

弹条的扣压力不应小于11.0 kN。

二、弹条Ⅲ型扣件接头弹条的规定

《弹条Ⅲ型扣件》(TB/T 3570—2021)

6.2.2　(Ⅲ型接头弹条)**形式尺寸及标志**

弹条的形式尺寸及标志应符合下列规定:

b) 弹条表面应有"ⅢJ"产品型号标志。

6.2.3　(Ⅲ型接头弹条)**外观**

弹条不应有影响组装的毛刺和刻痕。

6.2.4　(Ⅲ型接头弹条)**裂纹**

弹条的表面不应有裂纹。

三、弹条Ⅲ型扣件绝缘轨距块的规定

《弹条Ⅲ型扣件》(TB/T 3570—2021)

A.1.3　绝缘轨距块分一般地段使用的绝缘轨距块和钢轨接头处使用的绝缘轨距块两种,每种绝缘轨距块又分7号、9号、11号和13号四种规格,标准轨距采用9号和11号。

第六节　小阻力扣件

小阻力扣件应与配套的6、10号轨距挡板搭配使用,小阻力扣件铺设应有设计依据。

一、小阻力扣件的规定

《客货共线有砟轨道小阻力扣件》(Q/CR 671—2018)

5. 1. 2 (弹条)**形式尺寸及标志**

弹条的形式尺寸及标志应符合如下规定:

b) 弹条中部最小直径不应小于 12. 3 mm,尾部最小直径不应小于 12. 6 mm。……

c) 弹条置道钉处宽度为 $26_{-1.5}^{0}$ mm。

d) 弹条置道钉处最前端圆弧直径处宽度不应小于 24 mm。

e) 弹条放在平台上两侧肢前端和跟端应与平台接触,如有一处不接触,其翘起高度不应大于 0. 8 mm。

f) 弹条平置时,两侧肢直线段与同一平面的接触长度(将弹条两侧肢前端与同一平面接触,在侧肢前端直线段插入 0. 3 mm 塞尺,该段端部到塞尺边缘的距离即为接触长度)均不应小于 5 mm,两侧肢不应有反翘。

g) 弹条表面应有"X1"产品型号标志。

5. 1. 3 (弹条)**外观**

弹条不应有影响组装的毛刺和刻痕。

5. 1. 4 (弹条)**裂纹**

弹条的表面不应有裂纹。

二、小阻力扣件铺设规定

《客货共线有砟轨道小阻力扣件》(Q/CR 671—2018)

A. 2. 6 在螺旋道钉上部螺纹处涂油后安装弹条、平垫圈、螺母。拧紧螺母,使弹条中部前端下颚与钢轨刚好接触,不应过紧或过松。弹条中部前端下颚与钢轨离缝不应大于 1 mm,参考扭矩为 70 N·m~90 N·m。在现场安装前，先取 10 组扣件进行安装，以测出弹条安装到位的实际扭矩，再按照该实际扭矩的均值进行安装。

第七节　弹条扣件相关组件

弹条扣件相关组件应根据扣件类型、轨型、平面、环境等因素合理适配，符合相关标准且满足维护需要。

一、弹条扣件挡板座的规定

《弹条 Ⅰ 型扣件》(TB/T 1495—2020)、《弹条 Ⅱ 型扣件》(TB/T 3065—2020)、《客货共线有砟轨道小阻力扣件》(Q/CR 671—2018)

6.4.2　(挡板座)**形式尺寸及标志**

……挡板座边棱的直线度为 0.8 mm，挡板座与轨枕接触面的平面度为 0.8 mm。在严寒地区使用的挡板座，应在号码后加“H”标志。标志示例：2 号挡板座的标志为 2H。

6.4.3　(挡板座)**外观**

挡板座的外观应符合下列规定：

a) 挡板座的表面应色泽一致，无气孔、焦痕、飞边、毛刺等可见缺陷；

b) 挡板座与轨距挡板接触的圆弧应圆顺。

《弹条Ⅰ型扣件》(TB/T 1495—2020)、《弹条Ⅱ型扣件》(TB/T 3065—2020)

A.1.4　挡板座分 2-4、0-6 号两种。在严寒地区使用时，应采用带“H”标志的挡板座。

《客货共线有砟轨道小阻力扣件》(Q/CR 671—2018)

A.1.3 挡板座分 0 号、2 号、4 号和 6 号四个号码。

二、线路轨下垫板的相关规定

《弹条Ⅰ型扣件》(TB/T 1495—2020)

A.1.5 轨下垫板型号分 50-10-190 和 50-10-185 两种,50-10-190 垫板配用 XⅡ、$Ⅲ_a$ 型轨枕,50-10-185 垫板配用既有Ⅰ、Ⅱ型轨枕。在严寒地区使用时,应采用带“H”标志的轨下垫板。

《弹条Ⅱ型扣件》(TB/T 3065—2020)

6.3.10 耐寒性能

在严寒地区使用时,轨下垫板的低温静刚度变化率不应大于 20%。

A.1.4 客货共线铁路轨下垫板分 60-10、60-10R 和 60-12 三种型号,60-10 轨下垫板用于直线及曲线半径不小于 600 m 线路,60-10R 轨下垫板用于曲线半径小于 600 m 线路,60-12 轨下垫板用于钢轨接头处。每种型号垫板上部长度 *L* 为 190 mm 的垫板配用 XⅡ、$Ⅲ_a$ 型轨枕,上部长度 *L* 为 185 mm 配用既有Ⅰ、Ⅱ型轨枕;此外,60-10Z 轨下垫板用于轴重 27 t 及以下重载铁路,配用 $Ⅲ_a$ 型轨枕。在严寒地区使用时,应采用带“H”标志的轨下垫板。

《弹条Ⅲ型扣件》(TB/T 3570—2021)

A.1.4 轨下垫板分Ⅲb、ⅢbR 两种型号,Ⅲb 轨下垫板用于直线及曲线半径不小于 600 m 线路,ⅢbR 轨下垫板用于曲线半径小于 600 m 线路。在严寒地区使用时,应采用带“H”标志的轨下垫板。

> **专业管理意见 7**：寒区应使用符合标准的轨下垫板。在年通过总质量大于或等于 50 Mt 线路的 $R \leqslant 1\ 600$ m 曲线地段应使用高耐磨轨下垫板，有条件时 $R>1\ 600$ m 曲线地段和直线可使用高耐磨轨下垫板。在年通过总质量小于 50 Mt 线路的 $R \leqslant 800$ m 曲线地段应使用高耐磨轨下垫板，800 m$<R \leqslant 1\ 600$ m 曲线地段宜根据需要使用高耐磨轨下垫板，$R>1\ 600$ m 曲线地段和直线可使用普通轨下垫板。

三、螺旋道钉的规定

《弹条 Ⅰ 型扣件》（TB/T 1495—2020）、《弹条 Ⅱ 型扣件》（TB/T 3065—2020）、《客货共线有砟轨道小阻力扣件》（Q/CR 671—2018）

6.6.2　（螺旋道钉）**形式尺寸**

螺旋道钉的形式尺寸应符合下列规定：

b）螺旋道钉上部螺纹为 M24……；

c）……螺旋道钉下部螺纹牙高为 3.25 mm；

6.6.3　（螺旋道钉）**外观**

螺旋道钉的外观应符合下列规定：

a）螺旋道钉圆台表面的锻造爆裂裂缝不应延伸到杆身；

b）螺旋道钉上部螺纹不应有碰伤、毛刺和划痕等影响使用的缺陷；

c）螺旋道钉下部螺纹应牙形整齐，丝扣完整，不应有劈裂痕迹；

d）螺旋道钉表面不应有影响使用的凹痕、毛刺、飞边、烧伤和氧化皮。

第六章　轨　　枕

轨枕是支承钢轨、保持轨距、传递荷载的轨道部件，其规格型号的选择直接影响轨道强度、安全性和稳定性，必须严格执行有关规定选用轨枕。常用轨枕包括ⅩⅡ型枕、Ⅲ型枕、Ⅲ型桥枕、矮Ⅲ型枕、电容枕、电气绝缘节轨枕、弹性轨枕等。

电容枕正面及侧面

电气绝缘节轨枕正面及侧面

一、轨枕的相关定义

《铁路线路词汇》(GB/T 36505—2018)

4.40　混凝土枕:用钢筋混凝土材料制作的轨枕。

《有砟轨道轨枕 混凝土枕》(GB/T 37330—2019)

3.5　电容枕:具有轨道电路电容器安装槽的轨枕。

《铁路有砟轨道混凝土弹性轨枕》(TB/T 2629—2023)

4.1.1　弹性轨枕由混凝土枕和枕下弹性垫板两个部件组成。……

二、混凝土枕质量标准的规定

《有砟轨道轨枕　混凝土枕》(GB/T 37330—2019)

4.3.1　轨枕型式尺寸应符合设计要求,其各部尺寸偏差和外观质量应符合表2的规定。

表2　轨枕各部尺寸偏差和外观质量要求

<table>
<tr><th rowspan="2">序号</th><th rowspan="2" colspan="2">检验项目</th><th colspan="2">极限偏差或要求</th><th colspan="2">检验数量/根</th><th rowspan="2">检验项别</th></tr>
<tr><th>速度小于或等于200 km/h</th><th>速度大于200 km/h</th><th>型式检验</th><th>出厂检验(每批)</th></tr>
<tr><td colspan="8">各部尺寸偏差</td></tr>
<tr><td>1</td><td colspan="2">长度/mm</td><td colspan="2">±10</td><td>20</td><td>10</td><td>C</td></tr>
<tr><td>2</td><td colspan="2">高度/mm</td><td colspan="2">-3~+5</td><td>20</td><td>10</td><td>B</td></tr>
<tr><td>3</td><td colspan="2">承轨面宽度[a]/mm</td><td colspan="2">±2.0</td><td>20</td><td>10</td><td>B</td></tr>
<tr><td rowspan="3">4</td><td rowspan="3">预留孔或预埋套管(不含桥枕护轨)</td><td>两承轨槽外侧底脚间距离/mm</td><td>±2.0</td><td>-1.5~+1.0</td><td>20</td><td>10</td><td>B</td></tr>
<tr><td>同一承轨槽底脚间距离[a]/mm</td><td>±1.5</td><td>0~+1.0</td><td>20</td><td>—</td><td>B</td></tr>
<tr><td>距承轨面120 mm深处预留孔(套管)偏离中心线距离/mm</td><td>6</td><td>2</td><td>20</td><td>10</td><td>B</td></tr>
</table>

续表 2

<table>
<tr><th rowspan="2">序号</th><th rowspan="2" colspan="2">检验项目</th><th colspan="2">极限偏差或要求</th><th colspan="2">检验数量/根</th><th rowspan="2">检验项别</th></tr>
<tr><th>速度小于或等于200 km/h</th><th>速度大于200 km/h</th><th>型式检验</th><th>出厂检验（每批）</th></tr>
<tr><td colspan="8">各部尺寸偏差</td></tr>
<tr><td rowspan="9">4</td><td rowspan="5">预留孔或预埋套管（不含桥枕护轨）</td><td>预留孔上孔直径/mm</td><td>±3</td><td>—</td><td>20</td><td>10</td><td>C</td></tr>
<tr><td>承轨槽底脚夹角[a]</td><td colspan="2">0°～+1.0°</td><td>20</td><td>—</td><td>B</td></tr>
<tr><td>承轨槽底脚至预留孔（套管）中心距离/mm</td><td colspan="2">±2</td><td>20</td><td>10</td><td>B</td></tr>
<tr><td>套管下沉/mm</td><td colspan="2">2.0</td><td>20</td><td>10</td><td>B</td></tr>
<tr><td>同一承轨槽两套管间距/mm</td><td colspan="2">±1.0</td><td>20</td><td>10</td><td>B</td></tr>
<tr><td rowspan="4">预埋铁座</td><td>两轨底外侧预埋铁座间距离/mm</td><td colspan="2">-1.0～+1.5</td><td>20</td><td>全检</td><td>A</td></tr>
<tr><td>同一轨底内外侧预埋铁座间距离/mm</td><td colspan="2">-0.5～+1.5</td><td>20</td><td>全检</td><td>A</td></tr>
<tr><td>预埋铁座台面至枕面高度/mm</td><td colspan="2">±0.8</td><td>20</td><td>全检</td><td>A</td></tr>
<tr><td>预埋铁座孔顶距枕面高度/mm</td><td colspan="2">±0.8</td><td>20</td><td>全检</td><td>A</td></tr>
<tr><td>5</td><td colspan="2">上排预应力钢丝保护层/mm</td><td colspan="2">±3</td><td>20</td><td>10</td><td>B</td></tr>
<tr><td>6</td><td colspan="2">上下排最外侧预应力钢丝之间距离/mm</td><td colspan="2">±2</td><td>20</td><td>10</td><td>B</td></tr>
<tr><td>7</td><td>承轨面平面（不含桥枕护轨的承轨面）</td><td>轨底坡</td><td>1.0 mm/300 mm</td><td>0.5 mm/300 mm</td><td>20</td><td>10</td><td>B</td></tr>
<tr><td>8</td><td colspan="2">保持轨距的两承轨面之间的相对扭曲/mm</td><td>—</td><td>0.7</td><td>20</td><td>10</td><td>B</td></tr>
<tr><td>9</td><td colspan="2">枕底凹形花纹深度/mm</td><td colspan="2">-5～+3</td><td>20</td><td>10</td><td>C</td></tr>
</table>

续表 2

<table>
<tr><th rowspan="2">序号</th><th rowspan="2" colspan="2">检验项目</th><th colspan="2">极限偏差或要求</th><th colspan="2">检验数量/根</th><th rowspan="2">检验项别</th></tr>
<tr><th>速度小于或等于200 km/h</th><th>速度大于200 km/h</th><th>型式检验</th><th>出厂检验（每批）</th></tr>
<tr><td colspan="8">各部尺寸偏差</td></tr>
<tr><td rowspan="4">10</td><td rowspan="4">桥枕护轨</td><td>两护轨承轨槽外侧底脚间距离/mm</td><td>±3.0</td><td>±2.0</td><td>20</td><td>10</td><td>B</td></tr>
<tr><td>同一护轨承轨槽底脚间距离[a]/mm</td><td colspan="2">±2.0</td><td>20</td><td>—</td><td>B</td></tr>
<tr><td>承轨槽底脚至预留孔中心距离/mm</td><td colspan="2">±2.0</td><td>20</td><td>10</td><td>B</td></tr>
<tr><td>距承轨面 120 mm 深处预留孔偏离中心线距离/mm</td><td colspan="2">6</td><td>20</td><td>10</td><td>C</td></tr>
<tr><td rowspan="7">11</td><td rowspan="7">电容枕电容槽和导线槽</td><td>电容槽宽度/mm</td><td colspan="2">±5</td><td>20</td><td>10</td><td>C</td></tr>
<tr><td>电容槽长度/mm</td><td colspan="2">±5</td><td>20</td><td>10</td><td>C</td></tr>
<tr><td>电容槽深度/mm</td><td colspan="2">±5</td><td>20</td><td>10</td><td>C</td></tr>
<tr><td>电容槽中心偏离/mm</td><td colspan="2">±5</td><td>20</td><td>10</td><td>C</td></tr>
<tr><td>导线槽深度/mm</td><td colspan="2">±3</td><td>20</td><td>10</td><td>C</td></tr>
<tr><td>导线槽倾斜</td><td colspan="2">8 mm/全长</td><td>20</td><td>10</td><td>C</td></tr>
<tr><td>钉孔位置偏差/mm</td><td colspan="2">±1.0</td><td>20</td><td>10</td><td>B</td></tr>
<tr><td colspan="8">外观质量</td></tr>
<tr><td>12</td><td colspan="2">承轨面表面缺陷(气孔、粘皮、麻面等)/mm</td><td>长度:≤20
深度:≤5</td><td>长度:≤10
深度:≤5</td><td>20</td><td>全检</td><td>B</td></tr>
<tr><td>13</td><td colspan="2">其他部位表面缺陷(气孔、粘皮、麻面等)/mm</td><td>长度:≤100
深度:≤10</td><td>长度:≤50
深度:≤5</td><td>20</td><td>全检</td><td>C</td></tr>
<tr><td>14</td><td colspan="2">端部掉角/mm</td><td>长度:≤100</td><td>长度:≤50</td><td>20</td><td>全检</td><td>C</td></tr>
<tr><td>15</td><td colspan="2">端部露筋/mm</td><td colspan="2">≤10</td><td>20</td><td>全检</td><td>B</td></tr>
</table>

续表 2

序号	检验项目		极限偏差或要求		检验数量/根		检验项别
			速度小于或等于 200 km/h	速度大于 200 km/h	型式检验	出厂检验（每批）	
外观质量							
16	承轨面箍筋和螺旋筋外露		不允许		20	全检	B
17	预埋件允许堵孔数		不允许		20	全检	B
18	有挡肩枕挡肩中部 120 mm 宽度内表面油肩、粉肩或磕肩/mm		长度：≤10，深度：≤2		20	全检	C
19	电容枕	电容槽和导线槽表面粘皮、麻面/mm	长度：≤80，（深度或高度），≤5		20	全检	C
		导线槽外端混凝土掉角、破损/mm	长度：≤50，深度：≤5		20	全检	C
		电容槽和导线槽预埋连接螺母堵孔	无		20	全检	C
20	标志		—	—	20	全检	A
[a] 在新钢模进厂和型式检验时检查。							

三、轨枕使用规定

《铁路轨道设计规范》（TB 10082—2017）

5.2.1 混凝土轨枕使用应符合下列规定：

1 铁路轨道设计应根据本规范表 5.1.1 的规定选用不同类型混凝土轨枕。

2 曲线半径小于 300 m 的地段应铺设小半径曲线用混凝土轨枕。

3 设有护轨的地段应铺设Ⅲ型混凝土桥枕。

4 正线道岔应采用混凝土岔枕。

5 混凝土电容轨枕和电气绝缘节轨枕的设置应满足轨道电路要求。

5.2.2 铺设新Ⅱ型混凝土枕的正线线路，轨枕加强地段及其铺设数量应符合下列规定：

1 下列地段应增加轨枕的铺设数量：

1）半径小于或等于800 m的曲线地段(含两端缓和曲线)。

2）坡度大于12‰的地段。

上述条件重叠时，铺设数量只增加一次。

2 轨枕加强地段每千米增加的轨枕数量和最多铺设根数应符合表5.2.2的规定。

表5.2.2 每千米增加的轨枕数量和最多铺设根数

轨枕类型	新Ⅱ型混凝土枕
增加的轨枕数量/(根/km)	80
最多铺设根数/(根/km)	1 840

5.2.3 不同类型的轨枕不应混铺。在不同类型的轨枕分界处有普通钢轨接头时，应保持同类型轨枕延伸至钢轨接头外5根及以上。

5.2.5 重载铁路的重车线应采用与设计轴重匹配的混凝土轨枕和配套扣件，其技术性能应符合相关规定。

5.2.6 严寒地区可采用调高量较大的弹性扣件，大跨度桥梁可根据无缝线路设计要求采用小阻力扣件，沿海或酸雨腐蚀严重的地区、隧道内应采用相应防腐蚀措施的扣件。

专业管理意见8：正线、到发线应采用Ⅲ型或Ⅳ型轨枕，其他线路应采用新Ⅱ型或Ⅲ型轨枕。驼峰小半径曲线应采用$Ⅲ_a$R-M型轨枕。轨道电路区段应使用与线路轨枕同类型的混凝土电容轨枕和电气绝缘节轨枕。

第七章　道　　床

道床是轨道的重要组成部分,是轨道的承载主体,将轨枕传递的压力均匀分布至路基,按类型分为有砟道床和无砟道床。

第一节　有砟道床

有砟道床的材质、厚度影响轨道弹性,其外形尺寸对轨道稳定性有着重要影响,应根据线路等级、轨道类型合理确定道床材质、厚度和断面尺寸。

一、有砟道床的相关定义

《铁路线路词汇》(GB/T 36505—2018)

4.43　道床:支承和固定轨枕,并将其荷载传递至路基面的轨道组成部分。

4.44　道砟:用于铺设有砟轨道道床的散粒体集料,包括碎石、卵石、矿渣、砂等。

4.45　道床厚度:道砟层自枕底至基床表层顶面的厚度(曲线地段以内轨为准)。

5.14　道床纵向阻力:轨枕在道床中纵向位移时,道床对轨枕所产生的抵抗力。

5.15　道床横向阻力:轨枕在道床中横向位移时,道床对轨枕所产生的抵抗力。

《铁路工程术语标准》(GB/T 50262—2024)

5.1.30　面砟:双层道床中,用于直接支承或固定轨枕位置的上层道砟。

5.1.31　底砟:双层道床中,位于面砟和路基基床表面之间的下层道砟,也称垫层。

二、特级碎石道砟粒径级配的规定

《铁路碎石道砟》(TB/T 2140—2008)

4.3.1.1　特级碎石道砟粒径级配应符合表2的规定。

表2　特级碎石道砟粒径级配

方孔筛孔边长/mm		22.4	31.5	40	50	63
过筛质量百分率/%		0~3	1~25	30~65	70~99	100
颗粒分布	方孔筛孔边长/mm	31.5~50				
	颗粒质量百分率/%	≥50				
注:检验用方孔筛系指金属丝编织的标准方孔筛。						

三、道床铺设的相关规定

《铁路轨道设计规范》(TB 10082—2017)

5.3.1　正线道床采用的道砟等级应符合表5.1.1① 的要求。道砟材料应符合《铁路碎石道砟》(TB/T 2140)和《铁路碎石道床底砟》(TB/T 2897)的规定。重载铁路特级道砟级配应采用一级道砟的级配标准。

---

①　编者注:见本书第8页。

5.3.2 单线铁路正线道床顶面宽度应符合表 5.3.2 的规定,双线道床顶面宽度应分别按单线设计。无缝线路曲线半径小于 800 m、有缝线路曲线半径小于 600 m 的地段,曲线外侧道床顶面宽度应增加 0.10 m。

表 5.3.2 单线碎石道床顶面宽度

铁路等级	路段列车设计行车速度/(km/h)	道床顶面宽度/m	
		无缝线路轨道	有缝线路轨道
高速铁路	$250 \leqslant v \leqslant 350$	3.60	
重载铁路	$v \leqslant 100$	3.50	
城际铁路 客货共线铁路	$160 < v \leqslant 200$	3.50	
	$v \leqslant 160$	3.40	
	$100 < v \leqslant 120$	3.40	3.10
客货共线铁路	$v \leqslant 100$	3.40	3.00

5.3.3 正线道床边坡坡度应为 1∶1.75。

5.3.4 无缝线路道床砟肩应使用碎石道砟堆高 15 cm,堆高道砟的边坡坡度应为 1∶1.75。

5.3.5 道床顶面高度应符合下列规定:

2 铺设新Ⅱ型混凝土轨枕、Ⅲ型混凝土轨枕的道床顶面应与轨枕中部顶面平齐。

3 时速小于或等于 200 km 铁路铺设岔枕、桥枕等地段的道床顶面应低于轨枕承轨面 3 cm。

4 有道岔转换设备的部位,道砟高度不应影响外锁闭装置或牵引杆件的正常动作。

5.3.6 碎石道床厚度应符合本规范表 5.1.1 的规定。

5.3.7 桥梁、隧道地段的道床厚度与两端线路的道床厚度应在桥台外、洞口外 30 m 范围内顺坡。

5.3.8 桥梁地段砟肩至挡砟墙间应以道砟填平,隧道地段道床砟肩至边墙(或高侧水沟、电缆槽壁)间应以道砟填平。……

7.3.1　站线道床应采用一级道砟,道砟材料应符合《铁路碎石道砟》(TB/T 2140)和《铁路碎石道床底砟》(TB/T 2897)的规定。

7.3.2　站线道床厚度应符合本规范表7.1.2的规定,其中土质路基接发动车组列车以外的到发线、驼峰溜放部分线路的道床应采用双层道砟,当年降雨量小于600 mm且不造成路基病害的情况下,可采用单层道砟。

7.3.3　站线道床应按单线设计。下列地段轨道间及其外侧,应采用渗水材料填平至枕底下3 cm,并铺设面板:

1　经常有调车和列检等作业的调车线、推送线、牵出线、到发线和客车整备线。

2　有调车作业的咽喉区。

7.3.4　站线轨道的道床肩宽应符合下列规定:

1　到发线为无缝线路时,其道床肩宽应为0.4 m;半径600 m及以下的曲线地段,其曲线外侧道床肩宽应增加0.1 m。

2　推送线经常有摘钩作业一侧的道床肩宽不应小于2.0 m,另一侧不应小于1.5 m。

3　调车线、区段站及以上大站的牵出线和有列检作业的到发线、客车整备线轨道外侧的道床肩宽不应小于1.5 m。

4　除上述情况外的其余站线轨道道床肩宽应为0.2 m,曲线外侧不加宽。

7.3.5　铺设新Ⅱ型混凝土轨枕、Ⅲ型混凝土轨枕地段的道床顶面应与轨枕中部顶面平齐。铺设岔枕、桥枕等地段的道床顶面应低于承轨面3 cm。

7.3.6　站线道床边坡坡度应为1∶1.5。到发线采用无缝线路时,道床边坡坡度应为1∶1.75,道床砟肩堆高15 cm。

7.3.7　道岔区的道床厚度、肩宽、边坡应与连接的主要线路一致,连接线路轨道结构高度差应在道岔的末根岔枕外顺坡。

表 7.1.2　站线有砟轨道设计标准

<table>
<tr><th colspan="5" rowspan="3">项　　目</th><th rowspan="3">单位</th><th colspan="9">到　发　线</th><th rowspan="3">驼峰溜放部分线路</th><th colspan="2">其他站线</th></tr>
<tr><th colspan="4">无缝线路</th><th colspan="5">有缝线路</th><th rowspan="2">高速、城际</th><th rowspan="2">重载、客货共线</th></tr>
<tr><th>高速铁路</th><th>城际铁路</th><th colspan="2">客货共线铁路</th><th>城际铁路</th><th colspan="2">客货共线铁路</th><th>重载重车</th><th>重载轻车</th></tr>
<tr><td colspan="5">钢轨</td><td>kg/m</td><td colspan="4">60</td><td>50</td><td colspan="2">60、50</td><td>60</td><td>50</td><td>50</td><td colspan="2">50</td></tr>
<tr><td colspan="5">扣件</td><td>—</td><td colspan="4">弹条Ⅱ型</td><td>弹条Ⅰ型</td><td colspan="2">弹条Ⅱ型、Ⅰ型</td><td>重载专用</td><td>弹条Ⅰ型</td><td>弹条Ⅰ型</td><td colspan="2">弹条Ⅰ型</td></tr>
<tr><td rowspan="2">轨枕</td><td colspan="3" rowspan="2">混凝土枕</td><td>型号</td><td>—</td><td>Ⅲ</td><td>新Ⅱ</td><td>Ⅲ</td><td>新Ⅱ</td><td>新Ⅱ</td><td>Ⅲ</td><td>新Ⅱ</td><td>重载专用</td><td>新Ⅱ</td><td>新Ⅱ</td><td colspan="2">新Ⅱ</td></tr>
<tr><td>铺枕根数</td><td>根/km</td><td>1 667</td><td>1 760</td><td>1 667</td><td>1 760</td><td>1 520</td><td colspan="2">1 760~1 520</td><td>1 680</td><td>1 600</td><td>1 520</td><td colspan="2">1 440</td></tr>
<tr><td rowspan="6">道床</td><td colspan="4">道砟材质</td><td>—</td><td colspan="4">一级</td><td colspan="5">一级</td><td>一级</td><td colspan="2">一级</td></tr>
<tr><td colspan="4">顶面宽</td><td>m</td><td>3.4</td><td>3.3</td><td>3.4</td><td>3.3</td><td>2.9</td><td>3.0</td><td>2.9</td><td>3.1</td><td>2.9</td><td>2.9</td><td colspan="2">2.9</td></tr>
<tr><td rowspan="4">厚度</td><td rowspan="3">土质路基</td><td rowspan="2">双层</td><td>面砟</td><td rowspan="4">cm</td><td colspan="2">—</td><td colspan="2">—</td><td>—</td><td colspan="2">20</td><td>—</td><td>—</td><td>25</td><td colspan="2" rowspan="2">—</td></tr>
<tr><td>底砟</td><td colspan="2">—</td><td colspan="2">—</td><td>—</td><td colspan="2">20</td><td>—</td><td>—</td><td>20</td></tr>
<tr><td>单层</td><td>道砟</td><td>35</td><td>30</td><td colspan="2">35</td><td>30</td><td colspan="2">35</td><td>35</td><td>35</td><td>35</td><td colspan="2">25</td></tr>
<tr><td>硬质岩石路基</td><td>单层</td><td>道砟</td><td>35</td><td>30</td><td colspan="2">30</td><td>30</td><td colspan="2">25</td><td>25</td><td>25</td><td>30</td><td>25</td><td>20</td></tr>
</table>

续表 7.1.2

<table>
<tr><th colspan="5" rowspan="3">项　目</th><th rowspan="3">单位</th><th colspan="7">到　发　线</th><th rowspan="3">驼峰溜放部分线路</th><th colspan="2" rowspan="2">其他站线</th></tr>
<tr><th colspan="3">无缝线路</th><th colspan="4">有缝线路</th></tr>
<tr><th>高速铁路</th><th>城际铁路</th><th>客货共线铁路</th><th>城际铁路</th><th>客货共线铁路</th><th>重载重车</th><th>重载轻车</th><th>高速、城际</th><th>重载、客货共线</th></tr>
<tr><td rowspan="2">道床</td><td>厚度</td><td>级配碎石或级配砂砾石路基</td><td>单层</td><td>道砟</td><td>cm</td><td>35</td><td>30</td><td>30</td><td>30</td><td>25</td><td>25</td><td>25</td><td>—</td><td colspan="2">—</td></tr>
<tr><td colspan="4">边　坡</td><td>—</td><td colspan="3">1:1.75</td><td colspan="4">1:1.5</td><td>1:1.5</td><td colspan="2">1:1.5</td></tr>
</table>

注：1. 钢轨系指新轨或再用轨。
2. 到发线还包括到达线、出发线、编发线等。
3. 当重载铁路到发线铺设无缝线路时，道床顶面宽度、边坡等设计参数应满足无缝线路设计的有关规定。
4. 驼峰溜放部分线路系指自峰顶至调车线减速器出口的一段线路。
5. 其他站线系指到发线及驼峰溜放部分线路以外的站线。
6. 当站线采用大型养路机械养护维修时轨枕根数不应小于 1 600 根/km。

7.3.9 特殊用途的装卸线、专用设备线等可铺设无砟轨道或其他特殊轨下基础。

专业管理意见9：双线线间距不大于5 m地段两线间道砟应填平。

第二节 无砟道床

无砟道床应满足结构可靠、刚度均匀、经济耐用、适应环境的要求。普速铁路铺设无砟轨道必须严格按照地质条件确定，并严格遵照无砟轨道及过渡段的结构和技术要求予以设计、铺设。普速铁路无砟道床结构分为双块式、轨枕埋入式和弹性支承块式无砟道床。

一、无砟轨道线下结构的一般规定

《铁路轨道设计规范》(TB 10082—2017)

6.1.5 无砟轨道板或道床板内钢筋应进行接地和绝缘。

二、无砟道床过渡段的规定

《铁路轨道设计规范》(TB 10082—2017)

6.5.1 轨道结构过渡段设计应符合下列规定：

1 不同轨道结构应在相同下部基础上进行过渡。

2 不同轨道结构间的过渡段区域不应设置工地焊接接头和绝缘接头。

6.5.4 不同无砟轨道结构间的过渡设计应考虑无砟轨道结构高度差异。

三、无砟道床正线过渡段结构的规定

《铁路轨道设计规范》(TB 10082—2017)

6.5.2 正线有砟轨道与无砟轨道结构间的过渡应符合下列规定:

2 邻近过渡点无砟轨道侧一定范围内,应采取措施保证轨道板或道床板与其下部基础间的可靠连接。

3 过渡段范围的轨道刚度应按分级过渡设计。

4 路基地段无砟轨道的底座或支承层应从过渡点开始向有砟轨道延伸,长度不应小于 10 m,同时应满足有砟轨道最小道床厚度的要求。

四、无砟道床正线与到发线、到发线与到发线过渡段结构要求的规定

《铁路轨道设计规范》(TB 10082—2017)

6.5.3 正线与到发线、到发线与到发线的无砟轨道与有砟轨道结构间的过渡应符合下列规定:

1 路基地段无砟轨道结构的底座或支承层应从过渡点开始向有砟轨道延伸一定长度,同时应符合有砟轨道区段最小道床厚度的要求。

2 邻近过渡点无砟轨道侧一定范围内,应采取措施保证轨道板或道床板与其下部基础间的可靠连接。

3 过渡段可不设辅助轨及配套部件。

五、无砟轨道扣件选型规定

《铁路轨道设计规范》(TB 10082—2017)

6.3.1 无砟轨道应采用与设计速度、轴重匹配的扣件，扣件应与无砟轨道结构接口协调。扣件技术性能应符合相关规定。

6.3.2 变形不易控制的特殊地质条件地段可采用调高量较大的弹性扣件，大跨度桥梁可根据无缝线路设计要求采用小阻力扣件，沿海或酸雨腐蚀严重的地区、隧道内应采用相应防腐蚀措施的扣件。

6.3.3 无砟轨道扣件类型可根据运营条件及无砟轨道结构类型按表6.3.3选用。

表6.3.3 无砟轨道扣件类型

铁路等级	无砟轨道结构类型	采用扣件类型
高速铁路	CRTS 双块式	WJ-7B、WJ-8B
	CRTS Ⅰ型板式	WJ-7B
	CRTS Ⅱ型板式	WJ-8
	CRTS Ⅲ型板式	WJ-8B
城际铁路	CRTS 双块式	WJ-7B、WJ-8B
	CRTS Ⅰ型板式	WJ-7B
	CRTS Ⅲ型板式	WJ-8B
	弹性支承块式	弹性扣件
客货共线铁路 重载铁路	CRTS 双块式	WJ-7A、WJ-8A
	弹性支承块式	弹条Ⅶ型扣件 预埋铁座式扣件
	长枕埋入式	WJ-12 型扣件(重载) WJ-13 型扣件(客货共线)

注：新型及其他类型扣件应符合相关技术标准及准入规定。

六、双块式无砟道床结构规定

《铁路轨道设计规范》(TB 10082—2017)

6.4.5 CRTS双块式无砟轨道结构由钢轨、弹性扣件、双块式轨枕、道床板、支承层或底座等组成。其结构设计应符合下列规定：

1　双块式轨枕应根据设计荷载以及制造、运输和施工阶段的受力条件，并结合配套扣件、轨道电路和耐久性等技术要求进行结构设计。双块式轨枕宜采用有挡肩结构。

4　隧道地段双块式无砟轨道标准横断面结构如图 6.4.5—3 所示，设计应符合下列规定：

1）道床板可为分块式或纵向连续式钢筋混凝土结构，并应根据工程地质、环境条件等具体情况，经技术经济比较后合理确定。道床板直接在隧道仰拱回填层（有仰拱隧道）或底板（无仰拱隧道）上构筑，其结构设计应根据列车荷载、温度荷载及混凝土收缩等的共同作用，并考虑下部基础变形的影响，进行承载能力、裂缝宽度等检算。

2）曲线超高宜在道床板上设置。

七、弹性支承块式无砟道床结构规定

《铁路轨道设计规范》（TB 10082—2017）

6.4.6　弹性支承块式无砟轨道由钢轨、扣件、钢筋混凝土支承块、橡胶套靴、块下垫板、道床板等部分组成，如图 6.4.6—1 所示，其结构设计应符合下列规定：

1　弹性支承块式无砟轨道适用于设计速度小于或等于 160 km/h 的隧道地段。

2　道床板可为分块式或纵向连续式钢筋混凝土结构，并应根据工程地质、环境条件等具体情况，经技术经济比较后合理确定。道床板直接在隧道仰拱回填层（有仰拱隧道）或底板（无仰拱隧道）上构筑，并应在隧道变形缝处断开。

3　曲线超高宜在道床板上设置。

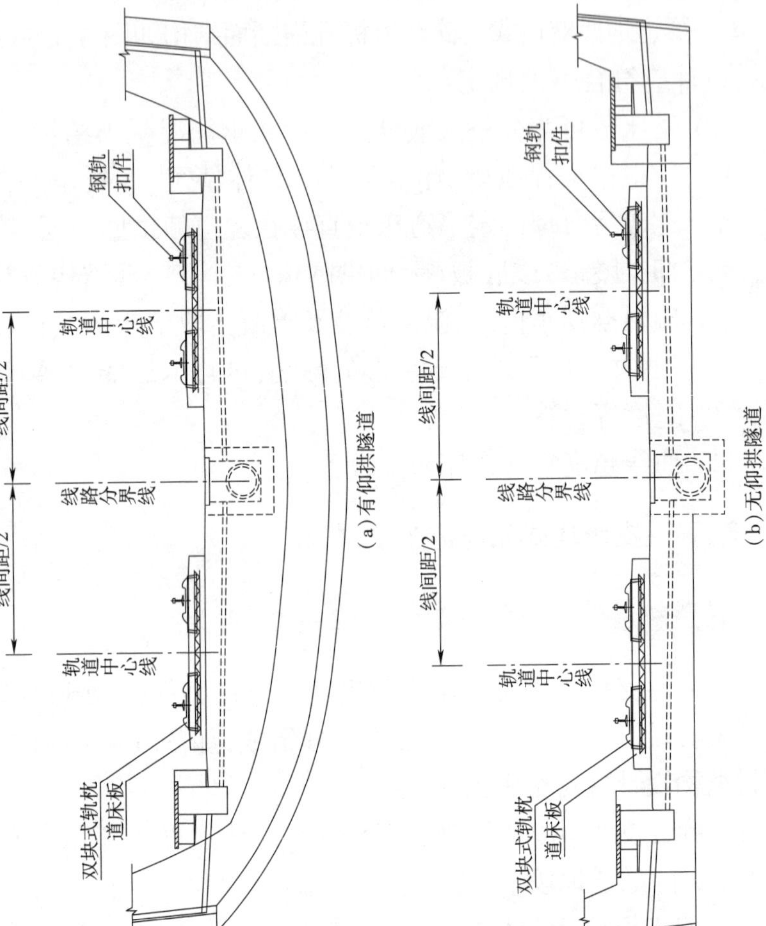

(a) 有仰拱隧道

(b) 无仰拱隧道

图 6.4.5—3　隧道地段双块式无砟轨道标准横断面示意图

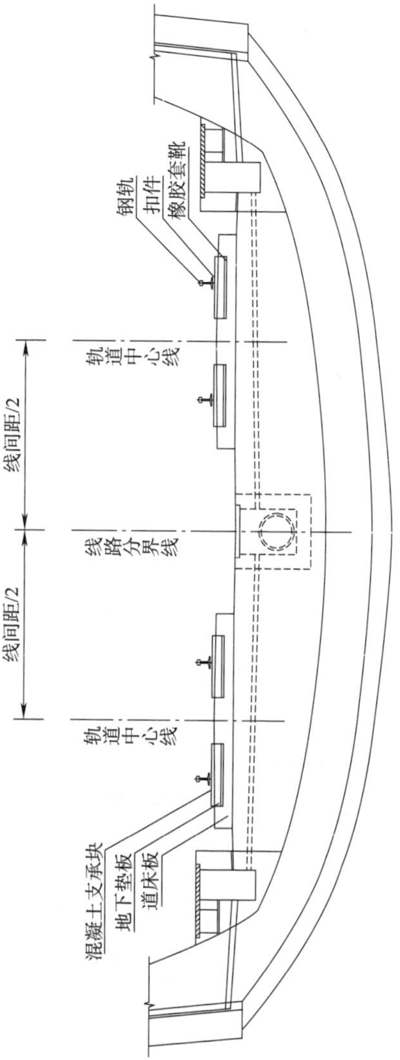

图 6.4.6—1　弹性支承块式无砟轨道横断面示意图

八、长枕埋入式无砟道床结构规定

《铁路轨道设计规范》(TB 10082—2017)

6.4.7 长枕埋入式无砟轨道结构由钢轨、弹性扣件、长枕、钢筋混凝土道床板及底座等组成，如图 6.4.7—1～图 6.4.7—3 所示，其结构设计应符合下列规定：

1 长枕应根据设计荷载以及制造、运输和施工阶段的受力条件，并结合配套扣件、轨道电路和耐久性等技术要求进行结构设计。

2 路基及桥梁地段道床板、底座沿线路纵向分块构筑，其结构设计应根据列车荷载、温度荷载及混凝土收缩等的共同作用，并考虑下部基础变形的影响，进行承载能力、裂缝宽度等检算。

3 隧道地段道床板直接在隧道仰拱回填层或底板上构筑，其结构设计应根据列车荷载、温度荷载及混凝土收缩等的共同作用，并考虑下部基础变形的影响，进行承载能力、裂缝宽度等检算。

4 曲线超高采用外轨抬高方式，并在缓和曲线范围完成过渡，路基及桥梁地段曲线超高在底座上设置，隧道地段曲线超高在道床板上设置。

5 路基地段线间排水应结合线路纵坡、桥涵等工程条件和环境条件具体设计。采用集水井方式时，集水井设置间隔应根据汇水面积和当地气象条件计算确定；桥梁地段桥面宜采用三列排水方式。路基、桥梁地段线路两侧及线间应进行防水处理。

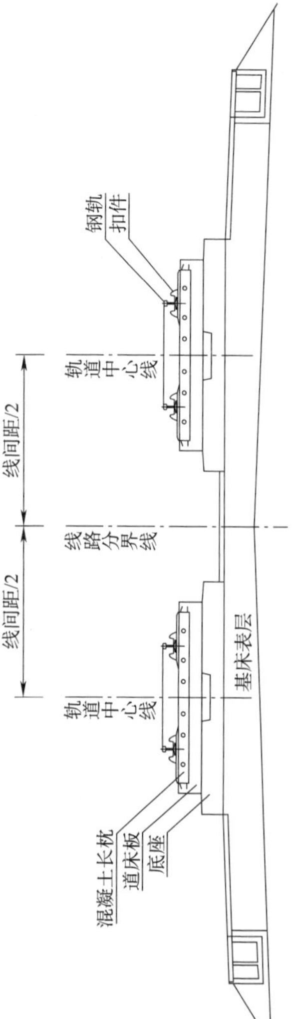

图 6. 4. 7—1　路基地段长枕埋入式无砟轨道横断面示意图

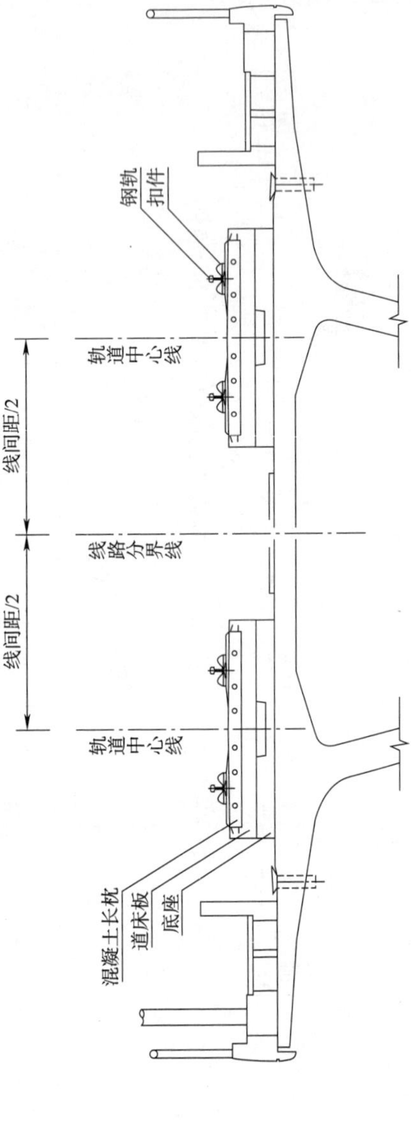

图 6.4.7—2　桥梁地段长枕埋入式无砟轨道横断面示意图

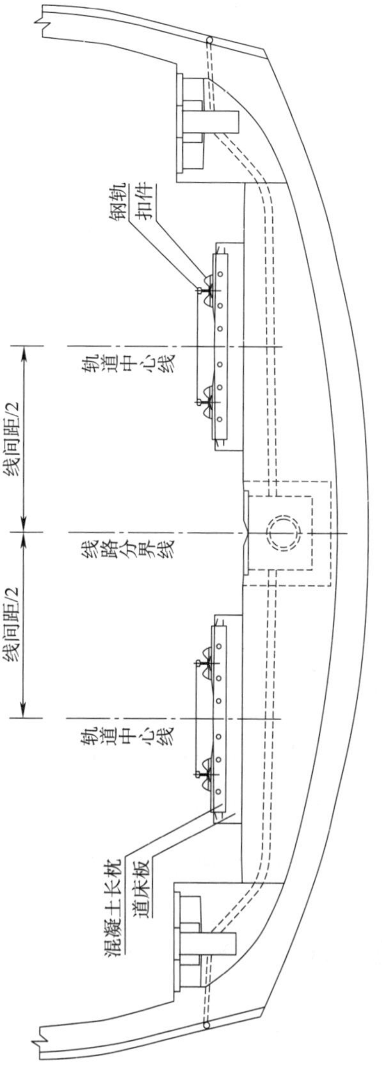

图 6.4.7—3　隧道地段长枕埋入式无砟轨道横断面示意图

第八章　无缝线路

无缝线路极大改善了行车条件，在行车速度不断提高的同时大大减少了列车对轨道的冲击。无缝线路延展里程逐年增加、铺设范围逐步扩大，应坚持严格设计、准确铺设、科学养护的原则强化无缝线路管理。

第一节　基本规定

无缝线路对轨道基础、环境温度、线路平面等方面的要求较为严格，应采取有效措施满足铺设条件。

一、无缝线路对线下工程要求的规定

《铁路轨道设计规范》(TB 10082—2017)

8.0.1　路基、桥涵、隧道等线下工程的强度、刚度、变形、稳定性、耐久性等应满足铺设无缝线路要求。

二、无缝线路设计锁定轨温确定因素的规定

《铁路轨道设计规范》(TB 10082—2017)

8.0.2　无缝线路设计应根据线路条件、运营条件、气候条件及轨道类型等因素进行强度、稳定性、断缝安全性等检算，并确定设计锁定轨温。

三、无缝线路严寒地区铺设规定

《铁路轨道设计规范》(TB 10082—2017)

8.0.3　严寒地区铺设无缝线路时,应采取轨道加强措施。

《铁路无缝线路设计规范》(TB 10015—2012)

3.1.5　最大轨温变化幅度超过 100 ℃的严寒地区铺设无缝线路时应单独设计,并采取轨道加强措施,可采用大调高量扣件。

四、无缝线路坡道地段铺设规定

《铁路无缝线路设计规范》(TB 10015—2012)

3.1.4　在连续长大坡道、制动坡段及行驶重载列车坡段铺设无缝线路,必要时应采用轨道加强措施。连续长大坡道不宜设置钢轨伸缩调节器和有缝钢轨接头。

五、无缝线路最小曲线半径规定

《铁路无缝线路设计规范》(TB 10015—2012)

3.1.3　允许铺设无缝线路的最小曲线半径为 300 m。

第二节　设计锁定轨温

科学合理的锁定轨温是保证无缝线路稳定的关键,应根据当地气温、轨道类型等条件计算确定。

一、无缝线路设计锁定轨温规定

《铁路无缝线路设计规范》(TB 10015—2012)

4.4.1 无缝线路设计锁定轨温，应根据当地最高轨温、最低轨温及无缝线路的允许温升、允许温降计算确定，并考虑一定的修正量。……

5.1.2 桥上无缝线路的设计锁定轨温宜与桥梁两端的无缝线路设计锁定轨温一致。

6.0.1 短隧道内无缝线路设计锁定轨温应与相邻单元轨节的设计锁定轨温一致。

6.0.2 长大隧道内距洞口 200 m 范围内无缝线路的设计锁定轨温宜与洞外无缝线路的设计锁定轨温一致。

二、无缝线路相邻单元轨节之间锁定轨温差规定

《铁路无缝线路设计规范》（TB 10015—2012）

4.4.4 无缝线路相邻单元轨节之间的锁定轨温之差不应大于 5 ℃，同一区间内单元轨节的最高与最低锁定轨温之差不应大于 10 ℃；左右股钢轨锁定轨温之差，设计速度 160 km/h 及以下铁路不应大于 5 ℃，设计速度 160 km/h 以上铁路不应大于 3 ℃。

第三节　长轨条布置

长轨条布置、单元轨节长度及位置应遵循有关规定，应合理选择无缝线路终端结构并做好计算。

一、跨区间和区间无缝线路长轨条布置规定

《铁路无缝线路设计规范》（TB 10015—2012）

4.5.1 跨区间无缝线路和区间无缝线路长轨条布置应符合下列规定：

1　单元轨节的布置，应根据线路条件、工点情况、施工工艺及养护维修等因素综合研究确定。区间单元轨节长度宜为1 000 m～2 000 m，最短不应小于200 m。

2　下列地段宜单独设计为一个或多个单元轨节：

1）无缝道岔、钢轨伸缩调节器及其前后线路；

2）长大桥梁及两端线路护轨梭头范围之内；

3）长度超过1 000 m的隧道；

4）小半径曲线地段。

二、普通无缝线路长轨条布置规定

《铁路无缝线路设计规范》（TB 10015—2012）

4.5.2　普通无缝线路长轨条布置应符合下列规定：

1　长轨条长度不应小于200 m；

2　下列地段宜单独布置长轨条，并在两端设置缓冲区：

1）车站内线路；

2）设有普通绝缘接头的每个自动闭塞分区；

3）小半径曲线地段；

4）其他特殊地段。

三、无缝线路缓冲区和伸缩区设置规定

《铁路无缝线路设计规范》（TB 10015—2012）

4.5.3　无缝线路缓冲区宜根据计算设置2～4对同类型定尺长为25 m的钢轨。

4.5.4　平交道口范围不应设置无缝线路缓冲区和伸缩区。无缝线路伸缩区设置在有护轨的桥梁上时，长轨条接头宜设在护轨梭头范围以外。

四、无缝线路接头相错量规定

《铁路无缝线路设计规范》(TB 10015—2012)

4.5.5 单元轨节始、终端左右股钢轨接头相错量不应大于100 mm。

五、无缝线路胶接绝缘使用规定

《铁路无缝线路设计规范》(TB 10015—2012)

4.5.8 绝缘接头应采用胶接绝缘接头,其技术性能应符合下列规定:

1 胶接绝缘接头宜采用工厂化制作,其性能应符合国家现行标准《钢轨胶接绝缘接头》(TB/T 2975—2018)的规定。

2 胶接绝缘钢轨长度不宜小于12.5 m。

3 左右两股钢轨的绝缘接头应成对铺设,且绝缘接头轨缝绝缘端板距离轨枕边缘不宜小于100 mm。

六、无缝线路小阻力扣件使用规定

《铁路无缝线路设计规范》(TB 10015—2012)

5.5.1 小阻力扣件的设置应符合下列规定:

1 无缝线路检算不能满足规范要求时,可设置小阻力扣件。

2 小阻力扣件的铺设位置、长度应通过计算确定。

3 桥上无缝线路固定区设置小阻力扣件地段应进行钢轨断缝检算,断缝检算方法参照本规范第4.3节。

七、无缝线路终端处理规定

《铁路无缝线路设计规范》(TB 10015—2012)

4.8.1　无缝线路终端可选用锚固式结构或缓冲式方式。

4.8.2　无缝线路终端采用锚固式结构时，钢轨锚固力不得小于钢轨最大温度力。

4.8.3　无缝线路终端采用缓冲区方式时，缓冲区长度及预留轨缝值应根据计算确定。

第四节　位移观测桩布置

为准确观测无缝线路伸缩变化，应按规定布设牢固的位移观测桩，采用合理的观测设备及观测方案，确保观测数据准确。

一、位移观测桩设置规定

《铁路无缝线路设计规范》(TB 10015—2012)

4.6.2　跨区间无缝线路、区间无缝线路距长轨条起、终点100 m处应分别设置一组位移观测桩。

4.6.4　无缝道岔宜按图4.6.4在道岔始端和终端、尖轨跟端(或限位器处)分别设置一组钢轨位移观测桩，18号及以上的道岔宜在心轨处加设一组位移观测桩。

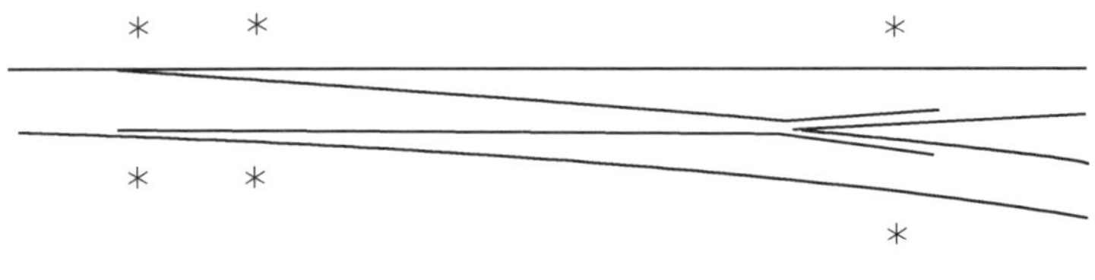

图4.6.4　无缝道岔位移观测布置图

4.6.6　长大桥梁两端、长大隧道的洞口应设置1组位移观测桩。

4.6.7 新建铁路位移观测桩可设置在线路一侧或两侧。

4.6.8 位移观测桩应埋设牢固，或设置在线路两侧的固定构筑物上，并在单元轨节两端就位后即进行标记。

《普速铁路线路修理规则》(TG/GW 102—2019)(铁总工电〔2019〕34 号)

第 3.10.14 条 跨区间无缝线路、区间无缝线路在长轨条起、终点及距起、终点 100 m 处应分别设置一组位移观测桩。

二、位移观测桩距离规定

《铁路无缝线路设计规范》(TB 10015—2012)

4.6.1 跨区间无缝线路、区间无缝线路按单元轨节等距离设置位移观测桩，且桩间距离不宜大于 500 m。……单元轨节长度不足 500 m 整倍数时，可适当调整桩间距离。

4.6.3 普通无缝线路的长轨条长度不大于 1 200 m 时，可按图 4.6.3 设置 5 组位移观测桩；长轨条长度大于 1 200 m 时，应适当增设位移观测桩且桩间距离不宜大于 500 m。

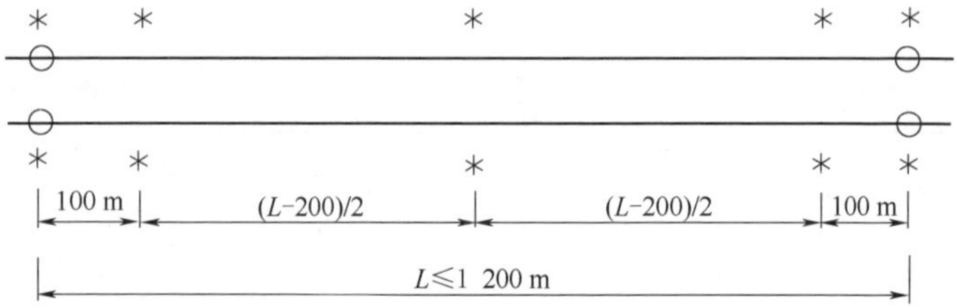

图 4.6.3 普通无缝线路观测桩设置图

第九章　轨道加强设备

为适应列车高速重载的运行要求,轨道强度和稳定性应满足不同运营情况,必要时应采取安装加强设备、优化结构、使用高性能材料等措施实施轨道加强。轨道加强设备主要包括轨距杆、轨撑及防爬器等。

一、轨道加强设备的相关定义

《铁路工程术语标准》(GB/T 50262—2024)

5.4.1　轨距杆:连接两股钢轨底部,防止轨距变化的拉杆。

5.4.2　轨撑:防止钢轨倾覆,保持轨距和轨底坡的轨道部件。

5.4.3　防爬器:防止钢轨爬行的轨道部件,包括穿销式防爬器和弹簧防爬器等。

二、轨道加强设备安设的规定

《铁路轨道设计规范》(TB 10082—2017)

10.0.1　曲线地段轨距杆或轨撑设置应符合下列规定:

1　正线电力牵引区段曲线半径小于或等于 600 m 和其他牵引区段半径小于或等于 350 m 地段,应按表 10.0.1 的规定设置轨距杆或轨撑;站线可不设轨距杆或轨撑。

表 10.0.1　轨距杆或轨撑设置数量

曲线半径/m	轨距杆/根		轨撑/对	
	25 m 钢轨	12.5 m 钢轨	25 m 钢轨	12.5 m 钢轨
$R \leqslant 350$	10	5	14	7
$350 < R \leqslant 450$	10	5	10	5
$450 < R \leqslant 600$	6~10	3~5	6~10	3~5

2　轨道电路区段轨距杆应采用绝缘轨距杆。

《铁道车辆减速顶安装、运用、维修要求》(Q/CR 462—2017)

4.10　安装减速顶的线路应正向设置防爬器,一般布顶区段:木枕线路每 12.5 m 不应少于 3 对;顶群区段:木枕线路每 12.5 m 不应少于 5 对,混凝土枕线路不应少于 3 对。有反牵的线路还应反向设置防爬器,木枕线路每 12.5 m 不应少于 2 对,混凝土枕线路每 12.5 m 不应少于 1 对。

专业管理意见 10:轨撑应采用弹性扣件。

第十章　轨道附属设备

轨道附属设备是保证轨道正常使用的必要设施，应按照有关规定合理设置，轨道附属设备应安装、埋设牢固，位置应满足限界要求。

一、线路标志设置规定

《铁路轨道设计规范》（TB 10082—2017）

10.0.3　线路及信号标志应符合下列规定：

1　铁路线路安全保护区标志、铁路线路安全保护标志及警示标志的设置，应符合相关标准的规定。

2　线路标志（用地界标、位移观测桩除外）应设在线路计算里程方向的左侧，双线区段需另设标志时，应设在列车运行方向的左侧，增建第二线的线路标志可比照双线区段设置。

3　区间线路标志（用地界标、位移观测桩除外）、信号标志（警冲标除外）应设在距线路中心不小于 3.1 m 处；不超过钢轨顶面的标志，可设在距钢轨头部外侧不小于 1.35 m 处。用地界标应设在铁路两侧用地界上，直线每 200 m、曲线上每 50 m 及地界转角处应各设一个。

二、线路基桩设置规定

《铁路轨道设计规范》（TB 10082—2017）

10.0.4　有砟轨道地段线路基桩设置应符合下列规定：

1 相邻线路基桩的距离,直线地段宜为 100 m~200 m,曲线地段宜为 20 m,曲线上的直缓、缓圆、曲中、圆缓、缓直点和道岔中心、变坡点、竖曲线起终点均应增设一个。

2 线路基桩应设置在列车运行方向左侧的路肩上,距钢轨头部外侧的距离不得小于 2.5 m。

3 线路基桩的测设精度应与线路的测量精度相同。

4 设有轨道控制网(CPⅢ)的地段可不另设线路基桩。

三、平面控制点设置规定

《铁路工程测量规范》(TB 10101—2018)

3.5.2 CP0 控制点应沿线路走向每 50 km 左右布设一个点,在线路起点、终点或与其他线路衔接地段,应至少有 1 个 CP0 控制点。

3.6.2 CPⅠ控制点应沿线路走向布设,2 km 布设一个点或 4 km 布设一对点(点对间距不宜小于 800 m)。测量工作开展前,应根据测区地形、地貌及线路工程情况进行平面控制网设计。平面控制网设计应包括控制网基准、网形、精度和测量方法等。

3.6.3 CPⅠ控制点宜设在距线路中心 50 m~1 000 m 范围内不易被破坏、稳定可靠、便于测量的地方。……

3.7.2 CPⅡ控制点应沿线路布设,每 400 m~800 m 布设一个点。控制点宜设在距线路中心 50 m~200 m 范围内不易被破坏、稳定可靠、便于测量的地方……。

四、水准基点设置规定

《铁路工程测量规范》(TB 10101—2018)

4.7.1　线路水准基点控制网宜在定测前施测，应沿线路布设成附合路线或闭合环，每 2 km 布设一个水准基点，重点工程（大桥、长隧及特殊路基结构）地段应根据实际情况增设水准基点。点位距线路中线 50 m～300 m 为宜。

五、竣工测量规定

《铁路工程测量规范》（TB 10101—2018）

10.1.1　竣工测量应包括控制网竣工复测、线路竣工测量、竣工地形图测量和铁路用地界测量。

10.1.2　竣工测量采用的坐标系统、高程系统、图式等应与施工图设计一致。

10.1.3　竣工测量内容及成果资料的编制应满足铁路工程竣工验收的要求。

10.2.2　线路竣工测量包括线路里程贯通测量、线路平面和纵断面竣工测量、线路横断面竣工测量、线下工程建筑及线路设备竣工测量。

六、竣工测量资料整理及交验规定

《铁路工程测量规范》（TB 10101—2018）

10.4.1　竣工测量完成后，由竣工测量单位按照新建铁路竣工验收的要求编制竣工测量文件。

10.4.2　竣工测量文件应包括下列资料：

1　CPⅠ、线上加密 CPⅡ、隧道洞内 CPⅡ、CPⅢ控制点、线路水准基点、线上加密水准基点、铁路用地界桩坐标成果及点之记。

2　轨道几何状态竣工测量成果，包括线路中线位置、轨面高程、轨距、水平、高低、扭曲等。

3 线路竣工平面图,纵、横断面图。

4 构筑物的竣工图。

5 线路沿线设备竣工测量成果,包括接触网、行车信号与线路标志等主要设备的竣工测量成果。

6 构筑物变形测量成果,包括变形监测基准点、工作基点、变形监测点以及构筑物变形监测成果。

7 竣工测量报告。

10.4.3 竣工测量文件应由建设单位组织统一归档,并移交给运营管理部门。

第十一章　行车设备结合部

以线路为依托安装了诸多的其他行车设备,为确保安装在轨道及其周边的其他行车设备正常运用,应掌握与之相关的技术标准。

第一节　信号及轨道电路

信号及轨道电路是铁路行车的重要设备,与道床、钢轨、绝缘等工务设备有着紧密联系,工务设备性能应确保信号及轨道电路正常使用,信号及轨道电路的安装也不得影响工务设备稳定和后续维护。

一、信号设备安设及过轨规定

《普速铁路信号维护规则　技术标准》(TG/XH 101—2015)(铁总运〔2015〕238 号)

1.0.11　……各种室外设备及标志的周围应培土夯实或硬面化,尺寸应便于维修人员作业,保持平整、不积水,不影响道床排水。

3.1.7　穿越轨底的各种杆件,距轨底的净距离应大于 10 mm。

17.1.8　信号电缆敷设须符合下列要求:

a) 电缆埋设深度,站内一般不小于 700 mm,区间不小于 1 200 mm;横穿线路时,防护用钢管或混凝土管的管顶距路基面不得小于 0.4 m。

17.1.14 必须设于路肩上的电缆、集中联锁设备的干线电缆及冻害地区电缆应以水泥电缆槽或其他阻燃材料制造的电缆槽防护。电缆槽应符合设计规定,其埋设深度为上盖板顶面距地面不应小于300 mm。槽内电缆应排列整齐,互不交叉。路肩上埋设电缆(电缆槽)时,必须填平夯实,保证路肩完整性。

> **专业管理意见11**:下穿线路各类电缆距轨面垂直距离不得小于1 m且埋入路基面以下深度不小于0.5 m,严禁道岔全长及岔后12.5 m范围内下穿电缆。

二、钢轨与道床间隙规定

《普速铁路信号维护规则　技术标准》(TG/XH 101—2015)(铁总运〔2015〕238号)

4.1.12 在轨道电路区段内的道床,应保持清洁及排水良好。道砟面与钢轨底面的距离应保持在30 mm以上。

三、轨道电路区段附属设备绝缘和技术的规定

《铁路信号设计规范》(TB 10007—2017)

4.2.11 轨道电路内的轨距杆、转辙设备的安装装置和其他连接钢轨的具有导电性能的配件均应设置绝缘。

4.2.12 轨道电路范围内的桥梁护轮轨应设置钢轨绝缘,并应符合轨道电路正常工作的要求。

4.2.13 轨道电路的钢轨接续线、轨旁设备的钢轨引接线宜冗余设置。

4.2.14 扼流变压器钢轨引接线应采用等阻线。

四、ZPW-2000 系列轨道电路桥上绝缘设置的规定

《普速铁路信号维护规则　技术标准》(TG/XH 101—2015)(铁总运〔2015〕238 号)

4.5.9　桥上绝缘的设置应满足下列要求:

a) 有护轮轨的区域,在护轮轨区域两端各加装钢轨绝缘一组。

b) 电气绝缘节一般不宜设置在有护轮轨的区域内;必须设置在有护轮轨区域内时,调谐区范围内每根护轮轨必须加装钢轨绝缘一组。

c) 超过 200 m 的护轮轨,每根护轮轨间隔 200 m 加装钢轨绝缘一组。

d) 护轮轨与基本轨间以及两护轮轨间不得有电气连接。

五、ZPW-2000 系列轨道电路区段护轮轨绝缘的规定

《ZPW-2000 轨道电路技术条件》(TB/T 3206—2017)

6.23　护轮轨的钢轨绝缘间隔不超过 200 m 以及在调谐区内护轮轨加装钢轨绝缘后,ZPW-2000 轨道电路应能正常工作。

六、ZPW-2000 系列轨道电路调谐区设置位置的规定

《铁路信号设计规范》(TB 10007—2017)

4.2.16　ZPW-2000 系列无绝缘轨道电路的调谐区设计应符合下列规定:

1　不得设置于不同类型道床的衔接处、钢轨伸缩调节器范围内;

2　不宜设置于有护轮轨的区域、接触网电分相区。

《铁路信号工程施工质量验收标准》(TB 10419—2018)

7.3.2　ZPW-2000无绝缘轨道调谐区设置应符合下列规定：

2　……调谐区调谐匹配单元距离最近钢轨伸缩调节器的伸缩轨缝不得小于10 m；

专业管理意见12：调谐区钢轨不应设置焊缝和接头。

七、ZPW-2000系列轨道电路调谐区设备安装规定

《普速铁路信号维护规则　技术标准》(TG/XH 101—2015)(铁总运〔2015〕238号)

4.5.5　(ZPW-2000A型无绝缘轨道电路)调谐区设备安装应满足下列要求：

b) 调谐区三处设备采用双端头引接线或加强跨线方式与钢轨连接，两安装孔间距80 mm，见图4.5.5(b)。两安装孔间中心位置为设备安装点。

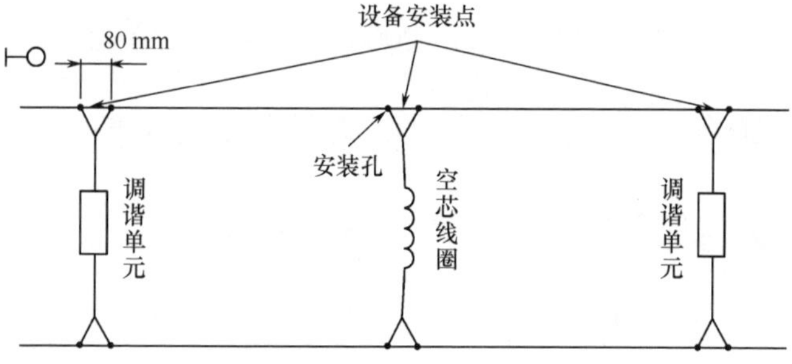

图4.5.5(b)

c）以空气线圈安装点为准，两侧调谐单元安装点距离该点不小于 14.5 m、不大于 14.65 m，见图 4.5.5(a)。

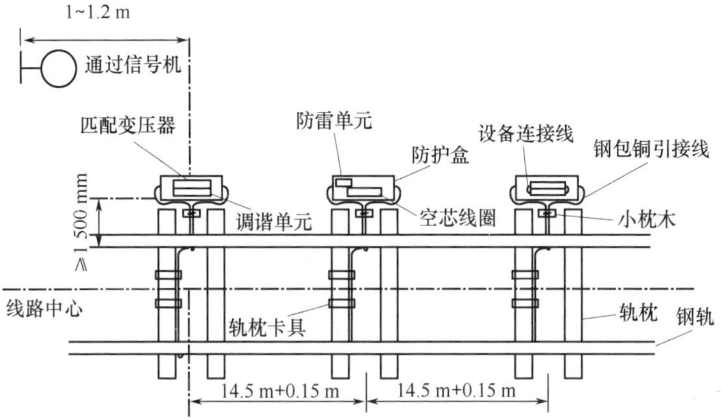

图 4.5.5(a)

d）防护盒边缘距钢轨内侧不得小于 1 500 mm（距线路中心不得小于 2 220 mm），见图 4.5.5(a)。

f）信号机安装需要满足建筑限界要求，安装在距调谐单元中心大于或等于 1 000 mm、小于或等于 1 200 mm 的位置。

4.6.5　（ZPW-2000R 型无绝缘轨道电路）调谐区设备安装应满足下列要求：

a）调谐区设备由电气节空芯线圈（电气节平衡线圈）、调谐单元、匹配变压器（匹配单元）、钢包铜引接线及其安装卡具组成。设备安装应满足建筑限界要求，如图 4.6.5 所示。电气节空芯线圈（电气节平衡线圈）、调谐单元和匹配变压器（匹配单元）按五点布置，分别安装在专用带有绝缘防护箱的支架或混凝土基础上，设备中心线与钢包铜引接线保持在同一直线上。防护罩边缘距钢轨内侧不小于 1 500 mm。

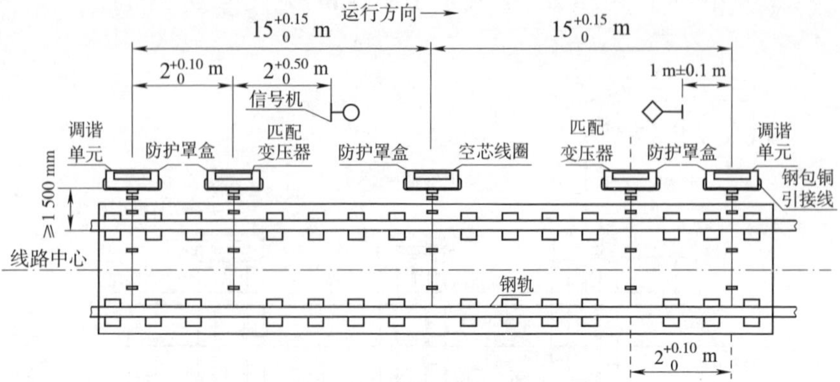

图 4. 6. 5

b）……调谐单元使用双钢包铜引接线与钢轨连接，两线安装孔间距 80 mm。

c）信号机安装需满足建筑限界要求，安装在调谐区距匹配变压器（匹配单元）大于或等于 2 m，小于或等于 2. 5 m 的位置。

八、ZPW-2000 系列轨道电路机械绝缘节安装规定

《普速铁路信号维护规则　技术标准》（TG/XH 101—2015）（铁总运〔2015〕238 号）

4. 5. 6 机械绝缘节安装应满足下列要求：

a）机械绝缘节处包括调谐单元、匹配变压器、机械节空芯线圈、防雷单元、双体防护盒、钢包铜引接线及其安装卡具。设备位置要求及布置如图 4. 5. 6 所示。

b）调谐单元与机械节空芯线圈置于同一双体防护盒内，匹配变压器置于另一双体防护盒内，中心间距 700 mm。

电气化区段，扼流变压器中心距调谐设备防护盒中心 700 mm。

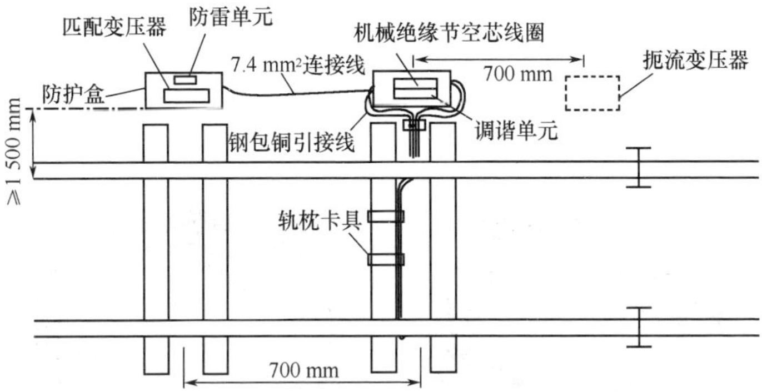

图 4. 5. 6

4. 6. 6 机械绝缘节安装应符合下列要求：

a) 机械绝缘节处包含机械节空芯线圈（机械节平衡线圈）、匹配变压器（匹配单元）、调谐单元、防护罩盒和钢包铜引接线及其安装卡具。设备位置要求及布置如图 4. 6. 6 所示。

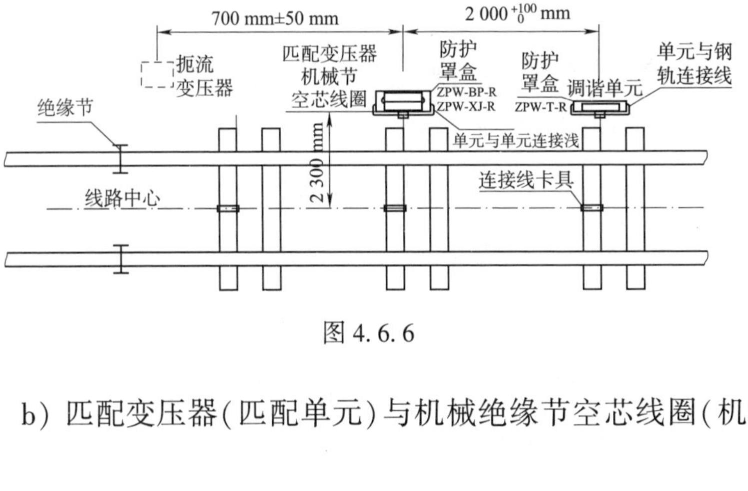

图 4. 6. 6

b) 匹配变压器（匹配单元）与机械绝缘节空芯线圈（机械

节平衡线圈)在同一位置,距机械绝缘节(有扼流变压器时为扼流变压器)中心 700 mm,调谐单元距匹配单元(机械绝缘节空芯线圈)2 m。

九、ZPW-2000 系列轨道电路补偿电容设置的规定

(a)塞钉式

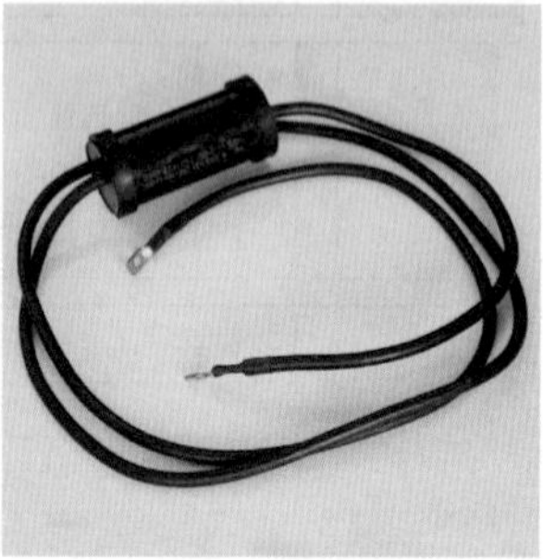

(b) 环线式

ZPW-2000 系列轨道电路补偿电容

《ZPW-2000 轨道电路技术条件》(TB/T 3206—2017)

6.7 补偿电容沿钢轨线路按等间距敷设,补偿电容间距不宜小于 50 m。

《普速铁路信号维护规则　技术标准》(TG/XH 101—2015)(铁总运〔2015〕238 号)

4.5.1 ZPW-2000A 无绝缘轨道电路由主轨道和小轨道两部分组成。当长度超过 300 m 时,主轨道需要加装补偿电容进行补偿……。

4.5.7 (ZPW-2000A)补偿电容的设置应满足下列要求:

a) 补偿电容设置个数“N”根据轨道电路长度,按照 ZPW-2000 系列无绝缘轨道电路调整表进行确定。

b) 补偿电容设置在主轨道范围内，N 个电容等间距布置：电容间距（步长）为 Δ，第一个和最后一个电容距调谐单元 $\Delta/2$，Δ = 主轨道电路长度/N。

4.6.1 ZPW-2000R 无绝缘轨道电路由主轨道和调谐区两部分组成。主轨道范围是本区段发送端轨道匹配设备到接收端轨道匹配设备，当长度超过 300 m 时主轨道需要加装补偿电容进行补偿。

4.6.7 （ZPW-2000R）补偿电容设置及安装应符合下列要求：

a) 补偿电容按照轨道电路调整表分频率设置，并且按等间距分布；调谐单元与邻近的第一个补偿电容的距离 $L_{固}$，架式设备为 50 m±1 m、柜式设备为 75 m±1 m。主轨道补偿电容为等间距补偿，其间距计算公式为：

$$\Delta_L = (L-2\times L_{固})/(N-1)$$

其中，Δ_L 为补偿电容等间距长度，m；L 为主轨道电路从发送端调谐单元至接收端调谐单元之间的距离，m；N 为补偿电容数量，根据 ZPW-2000 系列无绝缘轨道电路调整表进行确定。

电气-电气：$L=L_g-30$ m；

机械-电气：$L=L_g-17$ m。

L_g 为从空气线圈至空芯线圈之间的距离。

十、计轴设备的轮轴检测器（车轮传感器或车轮电子检测器）设置规定

《铁路信号设计规范》（TB 10007—2017）

4.1.16 采用计轴轨道占用检查装置时，轨道区段边界处轮轴检测器的设置应符合本规范的第 4.1.12 条、第 4.1.13 条、第 4.1.14 条、第 4.1.15 条中关于绝缘节设置的规定。

4.3.1 计轴轨道区段的入口处和出口处应分别设置轮轴检

测器。

十一、计轴设备的车轮传感器安装规定

《铁路信号工程施工质量验收标准》(TB 10419—2018)

7.5.1 车轮传感器安装应符合下列规定:

1 车轮传感器距钢轨接头不小于 2 m;

2 用于站间闭塞区间检查的车轮传感器应安装于进站信号机内方 2 m~3 m 处;

3 车轮传感器应安装在两根轨枕之间的同一侧钢轨上;

4 在复线区段,车轮传感器应安装于外侧钢轨上;

5 在轨腰安装时,应避开凸出钢轨铸造字符处;

6 车轮传感器周围 500 mm 范围内不应有其他金属物。

十二、计轴设备的绝缘电阻及测试规定

《铁路信号计轴设备》(TB/T 2296—2019)

4.11.1 计轴设备的绝缘电阻不应小于 20 MΩ。

4.11.2 轮轴检测器的湿热绝缘电阻不应小于 1 MΩ。

5.1 绝缘电阻

计轴设备绝缘电阻的测试应按 TB/T 1447 的规定进行,用 500 V 兆欧表测试设备各引线端子对机壳的绝缘电阻。

第二节 驼　　峰

驼峰处,测重、测速、制动等设备密集安装在轨道上,这些设备对轨道相关组件提出了更高的标准,安装和维护时应引起工务专业的足够重视。

一、驼峰测重设备轨道安装条件的规定

驼峰测重设备

驼峰测重设备钢轨固定情况

《驼峰溜放车组测重设备通用技术条件》(TB/T 1866—2006)

5.1.8　……允许轨头垂直磨耗:43 kg/m 钢轨不超过 9 mm,50 kg/m 钢轨不超过 10 mm;允许轨头侧面磨耗:43 kg/m 钢轨不超过 15 mm,50 kg/m 钢轨不超过 17 mm。

5.1.9　安装测重传感器的钢轨长度不应小于 4.5 m。

6.3　动态测量误差的试验

将测重传感器安装在驼峰场第一分路道岔轨道保护区段或其他区段钢轨的中间位置。要求钢轨道床捣固夯实,在有车通过时轨枕和钢轨之间不应产生缝隙……。

二、驼峰车轮传感器轨道安装条件的规定

驼峰车轮传感器

驼峰车轮传感器钢轨固定情况

《驼峰车轮传感器通用技术条件》(TB/T 1864—2005)

5.2.3 应能适应轨距为 $1\,435^{+6}_{-3}$ mm 的直线段线路和曲率半径不小于 180 m 的曲线段线路。

三、驼峰减速器设置条件的规定

驼峰减速器正面及侧面

《铁路驼峰及调车场设计规范》(TB 10062—2018)

5.2.5　设有减速器的驼峰，应在推送线上距峰顶 80 m～120 m 处设置减速器的限界检查器。

5.3.7　驼峰溜放部分设间隔制动位时，减速器的设置应符合下列规定：

1　设一级制动位时，应设两台减速器，其制动位宜设于线束始端。

2　设两级制动位时，第一制动位可设一台或两台减速器，应设于第一分路道岔和第二分路道岔之间；第二制动位可设两台或三台减速器，并应设于线束始端。

3　两相邻线束减速器始端的线路中心线的最小距离，应根据减速器类型确定。

4　减速器应设在直线上，其始、末端至相邻曲线的最小直线段长度应满足减速器结构安装的要求。

5　减速器入口前、出口后直线段长度不足 5 m 时，应加装专用护轮轨。减速器后安装复轨器时，出口处不应安装护轮轨。

5.3.8　调车场内设置目的制动位时，减速器入口距溜放部分最后分路道岔后警冲标的距离不宜小于 42 m；减速器入口前直线段长度不应小于 14 m。……

四、钳夹式减速器安装地段线路维护规定

钳夹式减速器正面及远景

《车辆减速器　第1部分:钳夹式减速器》(TB/T 2845.1—2019)

6.6.2　减速器相邻整体道床(或轨道板)基础不均匀下沉量差值不应大于10 mm。

6.6.3　减速器应安装在直线段,间隔位减速器入口处应加装专用护轮轨;出口(尾部制动钳中心)后直线段小于5 m时,应加装专用护轮轨。

6.6.4　减速器入口前5.0 m外的线路曲线,如半径小于200 m,应加装线路护轮轨。

五、内撑式减速器安装地段线路维护规定

内撑式减速器侧面及正面

《车辆减速器　第2部分:内撑式减速器》(TB/T 2845.2—2018)

6.6.2　减速器安装区段线路两钢轨轨距静态允许值应符合1 435$^{+6}_{-2}$ mm的要求,线路两钢轨水平静态允许偏差应不大于4 mm。

6.6.3　减速器安装区段轨枕应采用钢筋混凝土轨枕,扣件紧固牢靠,有砟轨道道砟捣固密实。

6.6.4　减速器初次安装时,既有线路钢轨垂直磨耗不应大于6 mm。

六、减速顶轨道安装条件的规定

安装减速顶的股道

减速顶钢轨固定情况

《铁路驼峰及调车场设计规范》(TB 10062—2018)

7.2.2　可控顶调速系统溜放部分可控顶的设置应遵循下列原则:

1　布顶数量应根据驼峰溜放部分的相对高差、各种阻力能高、速度能高计算确定。

3　加速坡及道岔区的非道岔范围应采用双侧对称布顶;除最后分路道岔外的道岔范围内应采用单侧布顶,可控顶安装在导曲线内股。

4　相邻两轨枕间布设两对可控顶时,前后两顶中心距应大于280 mm。

5　道岔的尖轨、辙叉、护轮轨,交叉渡线的菱形交叉,道岔绝缘区段$L_{绝}$范围和最后分路道岔均不应布顶。

七、减速顶安装地段线路维护规定

《铁道车辆减速顶安装、运用、维修要求》(Q/CR 462—2017)

4.3 ……不应在曲线段钢轨外侧安装减速顶。

4.5 减速顶内侧安装时宜双侧对称布置（道岔除外），外侧安装时宜单侧布置。

4.6 在道岔的绝缘保护区段内、钢轨焊缝处、钢轨接头处不宜安装减速顶。

4.8 安装后的减速顶不应与轨枕、防爬设备等接触，壳体底部与道砟等刚性体的间隙应大于 15 mm。

4.10 安装减速顶的线路应正向设置防爬器，……顶群区段：……混凝土枕线路不应少于 3 对。有反牵的线路还应反向设置防爬器，……混凝土枕线路每 12.5 m 不应少于 1 对。

4.12 单侧安装减速顶的直线线路，外侧安装时，布顶一侧轨面高度宜比另一侧低 5 mm~8 mm；内侧安装时，布顶一侧轨面高度宜比另一侧高 5 mm~8 mm。

4.13 钢轨肥边宽度，内侧安装减速顶时不应大于 2 mm，外侧安装时不应大于 1 mm。

4.14 外侧安装减速顶的线路轨距不应大于 1 435 mm+2 mm。

4.15 安装减速顶的线路，应保持其纵断面、轨距和水平允许偏差等线路状况符合调速系统设计的要求，如发生变化，应及时恢复。

八、迂回线设置的规定

《铁路驼峰及调车场设计规范》（TB 10062—2018）

5.3.10 驼峰应设迂回线，迂回线的设置应符合下列规定：

2 迂回线从推送线上出岔，应采用 9 号单开道岔。小能力驼峰迂回线与推送线、峰顶平台平行地段的线间距离不应小于 6.5 m。

3 迂回线与禁溜线合设的，应铺设安全防溜线，其长度应满足距车挡 10 m 范围内设置 10‰上坡段长度的要求。

5.3.11　迂回线所连接的调车线上可设置减速器，迂回线与调车线的连接道岔宜设于减速器出口端的外方，减速器出口端线路中心线距迂回线中心线的距离不应小于 3.8 m，曲线地段应设曲线加宽。

第三节　车辆检测、探测设备

车辆检测、探测设备（简称“6T”）是确保车辆安全运行的重要设备，安装地段轨道条件应符合有关规定。

一、车辆轴温探测设备（THDS）轨道安装条件的规定

《铁道车辆红外线轴温探测设备》（Q/CR 319—2014）

4.8.4　红外探头安装位置应设置在直线地段，避开长大坡道、桥梁、隧道及粉尘污染严重的地段。

4.8.5　探测设备在电气化区段应避开接触网分相点、轨道电路回流点、钢轨端头。

二、货车故障轨旁图像检测设备(TFDS)轨道安装条件的规定

《铁道货车故障轨边图像检测系统(TFDS)探测设备》(Q/CR 351—2014)

4.14.1 探测站设备应设在前后方各50 m以上没有道岔的直线段,避开曲线、长大坡道及经常调速、停车位置,避开接触网分相点、轨道电路回流点,避开钢轨端头、短钢轨。

三、车辆运行品质轨边动态监测设备(TPDS)轨道安装条件的规定

《铁道车辆运行品质轨边动态监测系统(TPDS)探测设备》(Q/CR 349—2014)

4.12.1　设备应安装在线路允许速度 80 km/h 及以上的铁路正线上。

4.12.2　设备来车方向前 200 m、后 100 m 应为直线段,单一坡度不超过 5‰,该区段没有道岔、长大桥梁等。

4.12.3　设备前后 80 m 区段应避开短梁、短涵和道口,检测区钢轨无接头和焊缝。

四、车辆滚动轴承故障轨边声学诊断设备(TADS)轨道安装条件的规定

《铁道车辆滚动轴承故障轨边声学诊断系统(TADS)探测设备》(Q/CR 350—2014)

4.12.1　TADS 探测设备前 100 m、后 50 m 线路应为没有道岔的直线段,相邻两线线间距应大于 4.25 m。

4.12.2　避开曲线、长大坡道及经常调速、停车位置,下坡道坡度不大于 5‰;避开电力接触网分相点、综合接地点及钢轨端头、短钢轨。

五、客车故障轨旁图像检测设备(TVDS)轨道安装条件的规定

《铁路客车故障轨旁图像检测系统(TVDS)探测站设备暂行技术条件》(TJ/CL 399—2015)

5.4.1 为充分发挥检测设备的作用,安装位置避开曲线、长大坡道,此段距离内没有道岔。

5.4.2 探测站设备选在道床坚实、线路质量好的地段,避开钢轨端头、短钢轨。

5.4.3 探测站所有设备的安装尺寸应严格遵守《直线建筑接近限界》(区间及站内正线)的规定,必要处应做相应的防护。

5.4.4 探测站轨旁设备采用一体化沉箱、侧箱结构,安装时视现场情况对轨枕间距可作调整。

六、动车组运行故障图像检测设备(TEDS)轨道安装条件的规定

《动车组运行故障图像检测系统(TEDS)轨边设备安装暂行技术要求》(TJ/CL 255A—2013)

1. 适用范围

……设备安装位置限于列车通过时速 80 km 及以下路基地段。当安装地点位于桥梁等特殊地段时,安装方案应特殊设计。

轨边设备应安装在进站咽喉附近的直线上,避开长大坡道、道岔、电力分相点和应答器等地段。

4.2　有砟轨道轨边设备安装要求

…………

(1)两股钢轨间的轨内底箱安装在轨道中心两轨枕间,底箱底部距轨面不大于 710 mm,底箱顶部距轨面距离不小于 80 mm。

(2)轨外底箱分别安装在轨外两侧轨枕间,箱体内侧与轨道中心净距不小于 870 mm,轨外底箱顶部距轨面距离不小于 80 mm。……

(3)侧箱安装在轨外两侧,轨道中心与箱体净距不小于 2 200 mm,通过 M24 预埋地脚螺栓固定在侧箱基础上。……与正线相邻的侧箱基础顶面应不高于路基表面。

(4)分线箱安装在钢轨外侧,轨道中心与箱体净距不小于 2 300 mm,通过 M24 预埋地脚螺栓固定在分线箱基础上。……与正线相邻的分线箱基础顶面应不高于路基表面。

(5)底箱排水采用胶管引至有砟轨道道床外,并保证排水畅通。

(6)连接管线应在设备及轨下基础上可靠固定,并应采用专用防护管防护。

(7)应采取技术措施减少对有砟轨道道床的扰动,回填后道床应捣固密实。

第四节　其他结合部设备

自动过分相装置、接触网相关设备、货运安检设备、高站台等设备设施的安装和设置应符合相关标准,工务部门维护过程中应协调有关部门做好配合。

一、自动过分相装置轨道安装条件的规定

无砟轨道
磁感应器

有砟轨道
整体式磁感应轨枕

有砟轨道
分体式磁感应轨枕

《列车过分相系统车载控制自动过分相装置》(TB/T 3197—2018)

5.2.4 对安装于轨道的地面定点设备,有砟轨道区段安装在轨枕上,宜采用分体式安装形式;无砟轨道区段应牢固安装于整体道床上。

6.2.3.2 磁感应器不应处于道岔和钢轨接头处,应避开信号机及其他信号轨旁设备,距离大于或等于 1 m。如果原定位置不适合安装,可将安装位置在±2 m 范围内适当调整。磁感应器固定在钢轨外侧,其中心距钢轨内侧工作边水平距离(335±15)mm,距信号接收设备垂直距离大于或等于 150 mm;安装时应保证信号接收设备处磁感应强度不低于 0.004 T,运营过程中不低于 0.003 6 T。

二、接触线高度的规定

《铁路电力牵引供电设计规范》(TB 10009—2016)

5.1.5 接触线工作支悬挂点距轨面的高度应根据车辆装载高度、空气绝缘距离、冰雪附加荷载、工务维修、施工误差以及受电弓的工作范围等因素综合确定;接触线距轨面高度不应大于 6 500 mm,最低高度应符合下列规定:

1 客货共线铁路。

1) 站场和区间(含隧道)接触线距轨面的高度宜取一致,其最低高度不应小于 5 700 mm,编组站、区段站等配有调车组的线、站,正常情况不应小于 6 200 mm,困难时不应小于 5 700 mm;

2) 既有隧道内(包括按规定降低高度的隧道口外及跨线建筑物范围内)正常情况不应小于 5 700 mm,困难情况下应小于 5 650 mm,特殊情况不应小于 5 330 mm。

2 双层集装箱运输线路不应小于 6 330 mm。

3 仅开行动车组的线路不应小于 5 150 mm。

4 接触线最低高度值在海拔 1 000 m 以上的区段,应按本规范第 5. 3. 2 条规定随空气绝缘间隙值的加大而相应增加。

三、接触网支柱侧面限界的规定

《铁路电力牵引供电设计规范》(TB 10009—2016)

5. 4. 9 接触网支柱侧面限界应符合下列规定:

1 直线区段:

1) 通过超限货物列车的正线或站线支柱侧面限界必须大于 2 440 mm;

2) 不通行超限货物列车的站线支柱侧面限界必须大于 2 150 mm。

2 曲线地段,上述距离应按《标准轨距铁路建筑限界》的规定加宽。

3 采用大型机械化养路的路基地段,接触网支柱侧面限界应满足大型机械作业的需求,不应小于 3 100 mm。

4 牵出线处支柱侧面限界不应小于 3 500 mm,困难情况下不应小于 3 100 mm。

四、超偏载检测装置轨道安装条件的规定

超偏载检测装置轨道结构形式(4 种)

《铁道货车超偏载检测装置》(TB/T 3096—2023)

5.3.1　安装在碎石道床、坡度不超过 2‰的直线线路上，轨道几何尺寸不超过临时补修容许偏差管理值。

5.3.2　安装地点应避开电气化分相点、高压输电线、桥涵、隧道、道口及产生洪水、塌方、冻胀等地段，且距离道岔不应小于 50 m。

5.3.3　日常列车通过速度不大于 60 km/h 时，检测区前后直线段各应大于 50 m，大于 60 km/h 时，检测区前后各应有 100 m 及以上直线段，并保证有良好的轨道平顺性、稳定性。

5.3.4　承载平台宜安装于整轨的中部，安装的钢轨应无接头、

焊缝和严重轨面伤损,宜采用新钢轨,使用旧轨时其垂直磨耗小于 5 mm,侧磨小于 6 mm。

5.3.5 承载平台前后区段宜采用Ⅲ型(重载铁路为Ⅳ型)混凝土轨枕,轨枕无失效。

5.3.6 道床应饱满清洁,两侧排水良好、无严重路基病害。专用轨枕的排布间距与安装处前后区段线路轨枕间距一致。

5.3.7 安装后的超偏载检测装置不应影响大型养路机械正常作业。

五、抑尘站设置轨道安装条件的规定

抑尘站全貌

抑尘站正面

抑尘站抑尘喷洒装置

《国铁集团工电部关于加强设置抑尘剂、防冻液喷洒设备地段线路设备维护管理工作的通知》(工电线路函〔2019〕30 号)

一、新设置固定式抑尘剂、防冻液喷洒设备地段线路设备应符合下列要求:

1. 固定式抑尘剂、防冻液喷洒设备应设置在直线或半径大于 800 m 的圆曲线上(不得设置在缓和曲线上),距曲线缓圆点、缓直点不少于 25 m,距道岔不少于 50 m。

2. 固定式抑尘剂、防冻液喷洒设备前后线路应铺设无砟道床或聚氨酯固化道床(自固定式抑尘剂、防冻液喷洒设备位置向重车运行方向延伸长度不少于 50 m),路肩应进行硬化处理。

3. 抑尘剂、防冻液喷洒设备前后各 50 m 范围内有砟轨道线路应铺设与设计轴重相匹配的混凝土轨枕，半径 800 m 及以下的曲线地段、坡度大于 12‰地段应增加轨枕配置数量。

4. 抑尘剂、防冻液喷洒设备前后各 50 m 范围内采用与钢轨、轨枕类型相匹配的防腐弹条扣件，轨下橡胶垫板应与扣件配套使用。

5. 抑尘剂、防冻液喷洒设备前后线路应有完整、系统、通畅的排水设施，并与铁路桥涵、隧道、站场及地方排水系统合理衔接。排水沟过水能力应满足设计降水量和洪水流量需要，且底宽、深度均不小于 0.4m，纵坡不宜小于 2‰。

6. 相邻线路(线间距不足 6.5 m)应采取防污染隔离措施。

…………

六、轨道衡安装技术条件的规定

整体式轨道衡

活动式不断轨轨道衡

活动式断轨轨道衡

《自动轨道衡》(GB/T 11885—2015)

5.19.3 轨道衡应安装在铁路线路的直线上，每端的整体道床应不少于 25 m，并有不少于 50 m 的平直线路坡度小于 0.2%，整体道床的深度应达冻土层以下。对于断轨轨道衡，称量轨和引轨应采用新钢轨，不得使用火焰切割，两端平直道的轨面横向水平高差小于 2 mm，引轨和称量轨应采用同一型号钢轨，引轨与称量轨的间距为 5 mm～10 mm，引轨与称量轨的高差、错牙应小于 2 mm。引轨的固定采用弹性扣件。对于不断轨轨道衡,钢轨横向水平高差小于 2 mm,钢轨的固定应采用弹性扣件。

七、旅客站台限界的规定

《铁路技术管理规程(普速铁路部分)》(TG/01—2014)(铁总科技〔2014〕172 号)

第 157 条 旅客列车停靠的高站台边缘距线路中心线的距离为 1 750 mm。

…………

《铁路车站及枢纽设计规范》(TB 10099—2017)

9.3.3 旅客站台的设计应符合下列规定:

3 旅客站台的高度:高速铁路和城际铁路的旅客站台高度应采用高出轨面 1.25 m;客货共线铁路邻靠不通行超限货物列车的到发线一侧宜采用高出轨面 1.25 m,邻靠通行超限货物列车的到发线一侧应采用高出轨面 0.3 m;仅运行普速客车的既有站可保留高出轨面 0.5 m。

道岔篇

第一章　道岔类型

道岔可根据岔枕类型、道床类型、辙叉类型、辙叉号数等分类，本章重点介绍道岔基础类型和道岔种类的分类。

一、道岔基础类型的相关定义

《铁路道岔和交叉名词术语》(TB/T 1353—2020)

3.5　有砟道岔：采用碎石等散粒体及轨枕为轨下基础的道岔。

3.6　无砟道岔：采用混凝土等整体结构为轨下基础的道岔。

二、道岔种类的规定

《标准轨距铁路道岔型号》(Q/CR 787—2020)

2.2　道岔采用以下标准类型：

a) 单开道岔；

b) 对称道岔；

c) 交叉渡线；

d) 复式交分道岔。

第二章 道岔选型

使用过程中在兼顾安全性、经济性的前提下，应依据标准并结合实际情况合理选择道岔。

一、道岔轨型选择规定

《铁路车站及枢纽设计规范》(TB 10099—2017)

16.5.1 正线上的道岔，其轨型应与正线轨型一致。站线上的道岔，其轨型不应低于该线路的轨型，当其高于该线路轨型时，则应在道岔前后各铺长度不小于 6.25 m 与道岔同类型的钢轨或异形轨，困难条件下，不应小于 4.5 m，并不应连续铺设。

二、道岔辙叉号数选择规定

《铁路车站及枢纽设计规范》(TB 10099—2017)

16.5.2 道岔辙叉号数选择应符合下列规定：

1 正线道岔的列车直向通过速度不应小于路段设计速度。

2 跨线列车联络线与正线连接的道岔应根据联络线的设计速度确定，侧向通过列车速度 80 km/h 以上至 160 km/h 时单开道岔可采用 42 号，接轨于车站且列车均停站时可采用 18 号道岔。

3 用于侧向通过列车，速度 50 km/h 以上至 80 km/h 的单开道岔不得小于 18 号，速度不大于 50 km/h 的单开道岔不得小于 12 号。

4　用于侧向接发旅客列车的单开道岔不得小于12号。

5　用于侧向接发货物列车并位于正线的单开道岔，在会越站、中间站不得小于12号，在其他车站不得小于9号。

6　重载铁路用于侧向接发万吨及以上列车的道岔不宜小于18号，正线上的渡线道岔及用于接发其他列车的道岔不应小于12号。

10　驼峰溜放部分应采用6号对称道岔；改建困难时，可保留其他对称道岔；当调车场外侧线路连接特别困难时，可采用9号单开道岔。到达场出口、调车场尾部、物流中心及段管线等站线上，可采用6号对称道岔。

11　其他线路的单开道岔不得小于9号。

三、道岔辙叉类型选择规定

《铁路技术管理规程（普速铁路部分）》（TG/01A—2017）（铁总科技〔2017〕221号）

第47条　线路允许速度120 km/h及以下区段的正线道岔，采用固定型辙叉道岔；线路允许速度120 km/h以上至160 km/h及以下，或货车轴重25 t及以上区段的正线道岔，采用可动心轨道岔或固定型辙叉道岔，并采用外锁闭装置；线路允许速度160 km/h以上区段的正线道岔，须采用可动心轨道岔、外锁闭装置。

专业管理意见13：客车径路固定型辙叉应采用非锰钢整铸辙叉，货车径路18号道岔应采用固定翼辙叉。

四、道岔种类选择规定

《铁路道岔使用规定》(TG/GW 223—2025)(铁工电〔2025〕14 号)

第五条　新建铁路正线不应采用复式交分道岔。新建铁路到发线、既有线改造不宜采用复式交分道岔,困难条件下需要采用时,不应小于 12 号。

第六条　正线跨区间无缝线路及设计时速 160 km 及以上的路段不应采用交叉渡线。其他正线不宜采用交叉渡线,困难条件下,可采用交叉渡线。

第七条　道岔大修按本规定选用道岔困难时,可保留原型号道岔,或采用对应的改进型道岔。

第三章 道岔统型

为确保道岔简统化推进，新建、改建铁路不得使用淘汰型道岔。

一、道岔型号规定

《铁路道岔使用规定》（TG/GW 223—2025）（铁工电〔2025〕14号）

第四条 设计时速200 km以下的铁路（仅运行动车组列车的铁路除外）正线、站线道岔应按表7选用。重载铁路应选用与设计轴重相匹配的道岔，用于侧向接发万吨及以上列车的道岔不宜小于18号。

第八条 道岔新产品发布后，设计单位有条件时应及时对道岔型号进行变更。

第十条 新建铁路、既有线改造采用的道岔应统一招标，同一建设项目的正线道岔原则上采用同一系列道岔。对于同一个车站的同型号道岔，应采用一种图号。

表 7　设计速度 200 km/h 以下的铁路(仅运行动车组列车的铁路除外)正、站线道岔

序号	道岔类型	图号	道岔号数	轨型/(kg/m)	通过速度/(km/h)		轴重	轨下基础	辙叉类型	锁闭方式	备注
					直向	侧向					
1	单开道岔	研线 1509	9	50	120	35	23	有砟	固定型	内锁闭	货车直向速度 90 km/h;用于站线时允许轴重 30 t
2		研线 1609	9	60	120	35	23	有砟	固定型	内锁闭	货车直向速度 120 km/h;用于站线时允许轴重 30 t
3		研线 1512	12	50	120	45	23	有砟	固定型	内锁闭	货车直向速度 90 km/h;用于站线时允许轴重 30 t
4		研线 16121	12	60	120	45	23	有砟	固定型	内锁闭	货车直向速度 120 km/h;用于站线时允许轴重 30 t
5		研线 16122	12	60	160	45	25	有砟	固定型	外锁闭	25 t 货车直向速度 100 km/h;其他货车直向速度 120 km/h;用于站线时允许轴重 30 t
6		研线 1115	12	60	160	45	27	有砟	固定型	外锁闭	25 t 及以上货车直向速度 100 km/h;其他货车直向速度 120 km/h
7		专线 4307	12	60	120	50	30	有砟	固定型	外锁闭	货车直向速度 100 km/h
8		GLC(08)01	12	60	200	50	25	无砟	可动心轨	外锁闭	货车直向速度 120 km/h

续表 7

序号	道岔类型	图号	道岔号数	轨型/(kg/m)	通过速度/(km/h)		轴重	轨下基础	辙叉类型	锁闭方式	备注
					直向	侧向					
9	单开道岔	研线 1505	12	60	200	45	27	无砟	可动心轨	外锁闭	25 t 及以上货车直向速度 100 km/h;其他货车直向速度 120 km/h
10		研线 1116	12	75	120	45	27	有砟	固定型	外锁闭	25 t 及以上货车直向速度 100 km/h;其他货车直向速度 120 km/h
11		专线 4304	12	75	120	50	30	有砟	固定型	外锁闭	货车直向速度 100 km/h
12		研线 1518	18	50	120	80	23	有砟	固定型	内锁闭	货车直向速度 90 km/h;用于站线时允许轴重 30 t
13		研线 1302	18	60	160	80	27	有砟	固定型	外锁闭	25 t 及以上货车直向速度 100 km/h;其他货车直向速度 120 km/h
14		专线 4308	18	60	120	80	30	有砟	固定型	外锁闭	货车直向速度 100 km/h
15		研线 1303	18	75	120	80	27	有砟	固定型	外锁闭	25 t 及以上货车直向速度 100 km/h;其他货车直向速度 120 km/h
16		专线 4305	18	75	120	80	30	有砟	固定型	外锁闭	货车直向速度 100 km/h
17		GLC(07)02	18	60	200	80	25	有砟	可动心轨	外锁闭	货车直向速度 120 km/h
18		GLC(07)02	30	60	250	120	25	有砟	可动心轨	外锁闭	货车直向速度 120 km/h

续表 7

序号	道岔类型	图号	道岔号数	轨型/（kg/m）	通过速度/（km/h）		轴重	轨下基础	辙叉类型	锁闭方式	备注
					直向	侧向					
19	对称道岔	研线 2506	6	50	35	35	—	有砟	固定型	内锁闭	仅适用于驼峰溜放线路
20	对称道岔	研线 2606	6	60	35	35	—	有砟	固定型	内锁闭	仅适用于驼峰溜放线路
21	交叉渡线	研线 4506	6	50	35	35	—	有砟	—	内锁闭	配套研线 2506
22	交叉渡线	研线 4509-5. 0/5. 3/5. 5/6. 5	9	50	120	35	—	有砟	—	内锁闭	配套研线 1509
23	交叉渡线	研线 4609-5. 0/5. 3/5. 5/6. 5	9	60	120	35	—	有砟	—	内锁闭	配套研线 1609
24	交叉渡线	研线 4512-5. 0/5. 3/5. 5/6. 5	12	50	120	45	—	有砟	—	内锁闭	配套研线 1512
25	交叉渡线	研线 46121-5. 0/5. 3/5. 5/6. 5	12	60	120	45	—	有砟	—	内锁闭	配套研线 16121
26	交叉渡线	研线 46122-5. 0/5. 3/5. 5/6. 5	12	60	160	45	—	有砟	—	外锁闭	配套研线 16122
27	交叉渡线	专线 7677	12	60	160	50	—	无砟	—	外锁闭	配套专线 4311,线间距 5. 0 m

续表 7

序号	道岔类型	图号	道岔号数	轨型/(kg/m)	通过速度/(km/h)		轴重	轨下基础	辙叉类型	锁闭方式	备注
					直向	侧向					
28	交叉渡线	研线 1115JD 5.0/5.3/5.5/6.5	12	60	160	45	—	有砟	—	外锁闭	配套研线 1115
29		研线 1116JD 5.0/5.3/5.5/6.5	12	75	120	45	—	有砟	—	外锁闭	配套研线 1116
30	复式交分道岔	CZ2214	9	50	70	35	—	有砟	固定型锐角辙叉,活动心轨钝角辙叉	内锁闭	
31		CZ2504	9	60	80	35	—	有砟		内锁闭	
32		CZ2220	12	50	80	45	—	有砟		内锁闭	
33		SC350	12	60	120	45	—	有砟		内锁闭	

二、道岔侧向容许通过速度规定

《标准轨距铁路道岔型号》(Q/CR 787—2020)

2.5 对称和单开道岔侧向容许通过速度

道岔采用的号数及侧向容许通过速度应符合表2的规定。

表2 对称和单开道岔号数及侧向容许通过速度

道岔类型	对称	单开				
道岔号数	6	9	12	18	30	42
侧向容许通过速度/(km/h)	35	35	45	80	120	160

三、道岔平面尺寸规定

《标准轨距铁路道岔型号》(Q/CR 787—2020)

2.6 单开道岔平面尺寸

单开道岔总长、前长和后长应符合表3的规定。

表3 单开道岔总长、前长和后长(节选)

道岔号数	轨型/(kg/m)	直向容许通过速度/(km/h)	辙叉类型	总长/mm	前长/mm	后长/mm
9	50	120	固定型	29 569	13 839	15 730
	60	120	固定型	29 569	13 839	15 730
12	50	120	固定型	37 907	16 853	21 054
	60	120	固定型	37 907	16 853	21 054
		160	固定型	37 800	16 592	21 208
		200	可动心轨	43 200	16 592	26 608
	75	120	固定型	37 800	16 592	21 208
18	50	120	固定型	60 000	28 600	31 400
	60	160	可动心轨	60 000	28 600	31 400
		200		69 000	31 729	37 271

第四章　道岔平纵断面

道岔应铺设在满足规定的平纵断面位置，不得为了满足其他条件降低道岔平纵断面技术标准。

一、道岔平纵断面基本规定

《铁路技术管理规程（普速铁路部分）》（TG/01—2014）（铁总科技〔2014〕172 号）

第 45 条　道岔应铺设在直线上，正线道岔不得与竖曲线重叠，其他道岔应尽量避免与竖曲线重叠。

…………

《铁路轨道设计规范》（TB 10082—2017）

3.1.7　道岔不应跨越路基与桥台分界处。……

专业管理意见 14：道岔不应设在过渡段上。

二、道岔至曲线间直线段长度规定

《铁路车站及枢纽设计规范》（TB 10099—2017）

3.2.12　道岔至曲线间的直线段长度应符合下列规定：

1　正线上道岔与缓和曲线间的直线段最小长度应结合铁路性质、路段设计速度、工程条件、车站性质及列车加减速特性等因素计算确定，并符合表 3.2.12—1 的规定。

表 3.2.12—1　正线道岔与缓和曲线间的直线段最小长度

铁路性质		高速铁路	城际铁路		客货共线及重载铁路		
设计速度 v/(km/h)		$250 \leqslant v \leqslant 350$	200	<200	200	$120<v<200$	≤120
直线段最小长度/m	一般	$0.6v$	$0.4v$		$0.5v$		
	困难	$0.5v$	30	25	$0.4v$	30	20

注：困难条件下，计算数值按 10 m 的倍数向下取值。

2　站线道岔至曲线之间的直线段长度，应根据站线性质、曲线半径、道岔结构、曲线轨距加宽和曲线超高等因素计算确定。

1）动车组列车到发进路上……动车段所内……

2）其余站线道岔至圆曲线最小直线段长度应符合表 3.2.12—2 的规定。

表 3.2.12—2　道岔至圆曲线最小直线段长度

序号	道岔前后圆曲线半径 R/m	最小直线段长度/m			
		一般		困难	
		轨距加宽或曲线超高递减率 2‰		轨距加宽递减率 3‰	
		岔前	岔后	岔前	岔后
1	$R \geqslant 350$	2	$0+L'$	0	$0+L'$
2	$350>R>300$	2.5	$2.5+L'$	2	$2+L'$
3	$R<300$	7.5	$7.5+L'$	5	$5+L'$

注：1. L'为道岔跟端至末根岔枕的距离。

2. 在困难条件下，道岔后直线长度可采用道岔跟端至末根长岔枕的距离 $L'_{长}$替代表 3.2.12—2 中 L'后的计算长度。

3）与道岔前后连接的曲线设有缓和曲线时，可不插入直线段。

4）驼峰溜放部分线路道岔可不插入直线段，直接连接圆曲线。

三、道岔后连接曲线半径规定

《铁路车站及枢纽设计规范》(TB 10099—2017)

3.2.13　道岔后连接曲线半径应与相邻道岔的侧向容许通过速度相匹配。

四、道岔间插入钢轨最小长度规定

《铁路车站及枢纽设计规范》(TB 10099—2017)

16.5.6　相邻单开道岔间插入的钢轨长度f不应小于表16.5.6—1及表16.5.6—2的规定。

表16.5.6—1　两对向单开道岔间插入钢轨的最小长度

单位:m

<table>
<tr><th rowspan="2">道岔布置</th><th rowspan="2" colspan="2">线别</th><th colspan="2">有列车同时通过两侧线</th><th rowspan="2">无列车同时通过两侧线</th></tr>
<tr><th>一般情况</th><th>困难情况</th></tr>
<tr><td rowspan="2">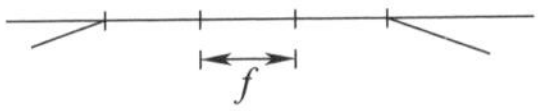</td><td rowspan="2">正线</td><td>直向通过速度 v>120 km/h</td><td>—</td><td>—</td><td>12.5 (25.0)</td></tr>
<tr><td>直向通过速度 v≤120 km/h</td><td>—</td><td>—</td><td>6.25 (25.0)</td></tr>
<tr><td rowspan="3">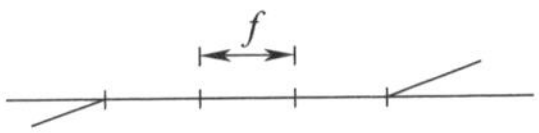</td><td rowspan="3">正线</td><td>直向通过速度 v>160 km/h</td><td>25.0 (50.0)</td><td>12.5 (32.0)</td><td>12.5 (25.0)</td></tr>
<tr><td>直向通过速度 160 km/h≥v>120 km/h</td><td>12.5 (25.0)</td><td>12.5 (25.0)</td><td>12.5 (25.0)</td></tr>
<tr><td>直向通过速度 v≤120 km/h</td><td>12.5 (25.0)</td><td>6.25 (25.0)</td><td>6.25 (25.0)</td></tr>
</table>

表 16.5.6—2 两顺向单开道岔间插入钢轨的最小长度

单位:m

<table>
<tr><th rowspan="2">道岔布置</th><th rowspan="2" colspan="2">线 别</th><th colspan="4">混凝土岔枕道岔</th></tr>
<tr><th colspan="2">一般情况</th><th colspan="2">困难情况</th></tr>
<tr><td rowspan="4">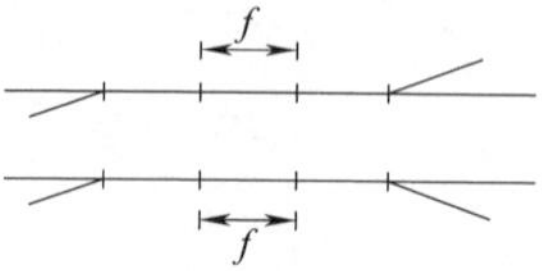</td><td rowspan="2">到发线</td><td>客 车</td><td>12.5
(25.0)</td><td colspan="2">12.5
(12.5)</td><td>0
(12.5)</td></tr>
<tr><td>货 车</td><td>6.25</td><td colspan="2">6.25</td><td>0</td></tr>
<tr><td rowspan="2">其他站线</td><td>客 车</td><td>12.5</td><td colspan="2">12.5</td><td>0</td></tr>
<tr><td>货 车</td><td>—</td><td colspan="2">—</td><td>0</td></tr>
<tr><td rowspan="6">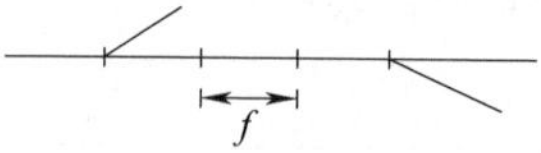</td><td rowspan="3">正线</td><td>直向通过速度
v>160 m/h</td><td colspan="2">25.0(25.0)</td><td colspan="2">12.5(25.0)</td></tr>
<tr><td>直向通过速度
160 km/h≥
v>120 km/h</td><td colspan="2">12.5(25.0)</td><td colspan="2">12.5(25.0)</td></tr>
<tr><td>直向通过速度
v≤120 m/h</td><td colspan="2">12.5(25.0)</td><td colspan="2">8.0(25.0)</td></tr>
<tr><td colspan="2">到发线</td><td colspan="2">12.5(25.0)</td><td colspan="2">8.0(12.5)</td></tr>
<tr><td rowspan="2">其他站线</td><td>客 车</td><td colspan="2">12.5</td><td colspan="2">8.0</td></tr>
<tr><td>货 车</td><td colspan="2">8.0</td><td colspan="2">6.25</td></tr>
<tr><td rowspan="3">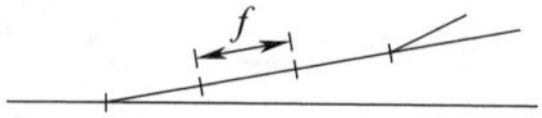</td><td colspan="2">到发线</td><td colspan="2">12.5(25.0)</td><td colspan="2">8.0(12.5)</td></tr>
<tr><td rowspan="2">其他站线</td><td>客 车</td><td colspan="2">12.5</td><td colspan="2">8.0</td></tr>
<tr><td>货 车</td><td colspan="2">8.0</td><td colspan="2">6.25</td></tr>
</table>

注:1. 括号内的数字为股道采用 18 号单开道岔时插入的最小钢轨长度。
2. 道岔间插入钢轨的最小长度除应符合表 16.5.6—1 及表 16.5.6—2 的一般规定外,尚应按道岔结构要求适当调整。
3. 正线、站线采用无缝线路或通行动车组列车时,道岔间插入钢轨的最小长度不应小于 12.5 m。
4. 相邻两道岔轨型不同,插入钢轨应采用异型轨。
5. 客车整备所线路采用 6 号对称道岔连续布置时,插入钢轨长度不应小于 12.5 m。
6. 列车是指编成的车列并挂有机车及规定的列车标志,不含未完全具备列车条件按列车办理的机车车辆。

第五章　道 岔 组 件

道岔由钢轨、尖轨、护轨、辙叉、配件、垫板、岔枕等组成，各组件应符合相关标准规定，兼顾稳定性、安全性和经济性要求，不同型号或图号的非通用组件不得混用。

第一节　钢　　轨

道岔钢轨使用应满足相关规定，不同速度等级的线路及不同轴重的机车对道岔钢轨使用均有不同的要求，应严格按速度等级及机车轴重确定钢轨型号。

一、道岔内钢轨使用基本规定

《钢轨使用规范》(Q/CR 583—2017)

5.1.2　直线区段应选用耐磨性能适中的钢轨，曲线和道岔区段应选用在线热处理钢轨或耐磨性、强韧性良好的钢轨。

5.5.1　道岔用基本轨、尖轨、心轨、翼轨(特种断面翼轨 TY1 除外)和导轨应满足以下要求：

a) 高速铁路：……。200 km/h 兼顾货运铁路……。

b) 其他铁路：应选用强度等级不低于 1 180 MPa 对称及非对称断面钢轨(43 kg/m 及以下道岔除外)。

《标准轨距铁路道岔》(TB/T 412—2020)

3.2.1　(钢轨件)原材料应符合下列规定：

a）道岔内钢轨应符合 TB/T 2344.1 的规定；

b）AT 轨和 60TY1 轨应符合 TB/T 2344.2 的规定；

c）护轨用槽型钢应符合 TB/T 3110 的规定；

d）道岔用钢轨材质宜与区间线路钢轨材质一致，或按用户要求使用。

3.2.8 钢轨件焊接应符合 TB/T 1632.1 和 TB/T 1632.2 的规定。

7.1.4 配轨应在轨腰上标明长度，必要时标明方向。

7.1.5 钢轨及组件应标明起吊位置。

二、轴重 27 t 道岔钢轨选用规定

《27 吨轴重重载道岔暂行技术条件》（TJ/GW 137—2015）

3.2.1 （钢轨件）原材料应符合下列规定：

a）道岔用 60 kg/m、75 kg/m 钢轨应符合 TB/T 2344 或 TJ/GW 117—2013 等相关标准的规定；

b）60AT1 钢轨应符合 TB/T 3109① 或 TJ/GW 117—2013 等相关标准的规定；

c）当道岔用钢轨轨头轮廓不合格时，可采用机加工方式进行整修，合格后方可使用；

3.2.2 钢轨件长度极限偏差：尖轨为 $_{-3}^{\ 0}$ mm；基本轨、配轨为 ±3 mm；护轨为±6 mm。

3.2.7 道岔钢轨应采用合金钢钢轨或在线热处理钢轨。

6.2 钢轨件

钢轨件的尺寸及外观为出厂检验内容，基本轨、尖轨、护轨、配轨的尺寸及外观应逐件检验，检验结果均应满足 3.2 条

① 编者注：已由《钢轨　第 2 部分：道岔用非对称断面钢轨》（TB/T 2344.2—2020）代替，下同。

的要求。

7.1.5　配轨在轨腰上标明长度数值和方向。

7.1.6　钢轨及组件应标明起吊位置。

三、轴重 30 t 道岔钢轨选用规定

《30 吨轴重重载道岔暂行技术条件》(TJ/GW 107—2013)

3.2.1　(钢轨件)原材料应符合下列规定:

a) 道岔用钢轨应符合 TB/T 2344 及相关标准的规定;

b) AT 轨外形尺寸应符合 TB/T 3109 的规定;

c) 槽型护轨采用合金钢钢轨,应符合 TB/T 3110 的规定;

d) 当道岔用钢轨轨头轮廓不合格时,可采用机加工方式进行整修,合格后方可使用;

e) 合金钢钢轨应符合有关技术条件的规定。

3.2.2　钢轨长度极限偏差:尖轨、长心轨、叉跟轨为 $_{-3}^{\ 0}$ mm;基本轨、短心轨、配轨为±3 mm;翼轨、护轨为±6 mm。

3.2.7　道岔钢轨应采用合金钢钢轨或在线淬火钢轨。

3.2.8　钢轨件焊接应符合 TB/T 1632.1 ~ TB/T 1632.4 的规定。

6.2　钢轨件的尺寸及外观为出厂检验内容,基本轨、尖轨、长心轨、短心轨、叉跟轨、护轨、配轨、翼轨的尺寸和外观应逐件检验,检验结果均应满足 3.2.2~3.2.4 的要求。

7.1.5　配轨在轨腰上标明长度数值和方向。

> **专业管理意见 15**:与道岔连接的钢轨轨型及廓形应与道岔内钢轨一致。

第二节　尖　　轨

道岔转辙部是引导机车、车辆正确行驶的关键部位，保护车轮安全通过两股轨线交叉处。本节重点介绍尖轨、基本轨及主要联结部件安装有关规定。

一、道岔尖轨、基本轨和配轨偏差值规定

《标准轨距铁路道岔》（TB/T 412—2020）

3.2.2　钢轨件长度极限偏差应符合下列规定：

a）尖轨、活动心轨、长心轨和叉跟尖轨为 $^{0}_{-3}$ mm；

b）基本轨、短心轨和配轨为±3 mm；

二、转换设备组装前检查规定

《标准轨距铁路道岔》（TB/T 412—2020）

4.10.1　尖轨、心轨在密贴状态下，各牵引点安装外锁闭位置，内侧轨腰与基本轨、翼轨非工作边的尺寸极限偏差为±2.5 mm……。

4.10.3　尖轨各牵引点处开口极限偏差为 $^{+5.0}_{-3.0}$ mm，可动心轨辙叉第一牵引点开口极限偏差为 $^{+2.0}_{-1.0}$ mm，最小轮缘槽宽应大于或等于 65 mm。

4.10.4　活接头密贴尖轨，在无外力情况下，牵引点位置尖轨与基本轨间隙不应大于 5 mm，斥离状态下无反弹。

三、基本轨、尖轨组装标准规定

《标准轨距铁路道岔》（TB/T 412—2020）

4.2.3　尖轨轨底与滑床台的缝隙：……容许通过速度 v_{max} ≤ 160 km/h 时应小于 2.0 mm，其中大于或等于 1.0 mm 缝隙的不应超过该项点总数的 10%，且不应连续出现。

4.2.4　尖轨跟端支距极限偏差为±2.0 mm。尖轨固定端（第一个扣件岔枕中心线处）支距极限偏差：……容许通过速度 v_{max} ≤ 160 km/h 时为±1.5 mm。

4.2.5　限位器子母块两侧间隙差极限偏差为±1.0 mm。

4.2.6　顶铁与尖轨或基本轨轨腰的缝隙应小于 2.0 mm，其中大于或等于 1.0 mm 缝隙的不应超过该项点总数的 20%，且不应连续出现；顶铁用调整片不应多于 2 片，总厚度不应大于 3 mm。

4.2.7　在牵引点处施加外力时，尖轨轨头切削范围内与基本轨的间隙：尖轨尖端至第一牵引点范围内小于 0.5 mm，其余部位小于 1.0 mm……。

4.2.9　基本轨前端至尖轨尖端的距离的极限偏差为$^{+4.0}_{0}$ mm。

第三节　护　　轨

护轨是道岔的重要组成部分，铺设在道岔辙叉部，在辙叉有害空间相对的钢轨内侧，引导列车车轮安全通过辙叉的有害空间，避免撞击叉心尖端。常见道岔护轨主要分为 H 型护轨、槽型护轨、间隔铁式护轨三种。

一、护轨的相关定义

《铁路道岔和交叉名词术语》（TB/T 1353—2020）

8.14　护轨：防止车轮脱轨或偏移的钢轨……。

8.15　H 型护轨：标准断面钢轨制造的分开式护轨。

8.16 槽型护轨①:槽型钢轨制造的护轨。

8.17 间隔铁式护轨:采用间隔铁与基本轨连接的护轨。

---

① 编者注:槽型护轨应满足《33 kg/m 护轨用槽型钢》(TB/T 3110—2018)相关要求。

二、护轨长度极限偏差的规定

《标准轨距铁路道岔》(TB/T 412—2020)

3.2.2　钢轨件长度极限偏差应符合下列规定：

c）翼轨、帮轨、护轨和扶轨为±6 mm。

> **专业管理意见 16**：应优先选用贝氏体材质的耐磨护轨。

第四节　辙　　叉

辙叉是引导车轮由一股钢轨越过另一股钢轨的关键设备，由叉心、翼轨和联结零件组成。辙叉在出厂前、后应满足辙叉有关技术要求，在辙叉选用上应遵循有关规定。

一、合金钢组合辙叉技术的规定

《合金钢组合辙叉》(Q/CR 595—2022)

4.1.3　辙叉的类型主要分为锻制合金钢心轨组合辙叉、焊接式翼轨加强型合金钢组合辙叉、合金钢钢轨组合辙叉和镶嵌翼轨式合金钢组合辙叉(叉心与翼轨镶块可为一体结构)等,分别如图 1 中 a)、b)、c)和 d)。辙叉的间隔铁与钢轨间可采用胶接。

4.1.4 用于无缝道岔的辙叉应满足无缝线路的铺设要求。

4.1.5 联结零部件、铸件、锻件、弹性垫层、铁垫板和紧固件应按 TB/T 412 及相关设计图纸的规定执行。

4.1.7 在正常运用和维护条件下,合金钢组合辙叉使用寿命应大于或等于 200 Mt 通过总质量,心轨加宽式合金钢组合辙叉使用寿命应大于或等于 300 Mt 通过总质量。

4.2.5 (锻制合金钢钢坯及钢轨件)热处理区域不应出现裂纹。

4.3.2 (翼轨、长心轨、短心轨、叉跟轨)端面相对垂直、水平方向的垂直度为 1.0 mm。

4.3.3 长心轨、短心轨、叉跟轨长度极限偏差为±3 mm,机加工段轨底宽度极限偏差为$^{0}_{-2.0}$ mm,轨头宽度极限偏差为±0.5 mm(弯折点两侧 150 mm 范围除外)。

4.3.4 翼轨长度极限偏差为±6 mm,机加工段轨底宽极限偏差为$^{0}_{-2.0}$ mm,轨头宽度极限偏差为±0.5 mm(弯折点两侧 150 mm 范围除外)。

4.3.5 轨头机加工的钢轨件,机加工段各控制断面高度极限偏差为±1.0 mm。

4.3.11 长短心轨、翼轨和叉跟轨弯折、扭转位置不应存在影响使用的内部和表面缺陷。

4.4.1 (锻制)心轨实际尖端至叉跟轨贴合面起点长度极限偏差为±2 mm。

4.4.2 (锻制)心轨各控制断面宽度极限偏差为±0.5 mm。

4.4.4 (锻制)心轨各控制断面高度极限偏差为±1.0 mm。

4.4.5 (锻制)心轨与叉跟轨的贴合面棱角应倒角 1.5 mm×45°~2.5 mm×45°,允许存在大于 2.5 mm×45°的倒棱或倒圆,但

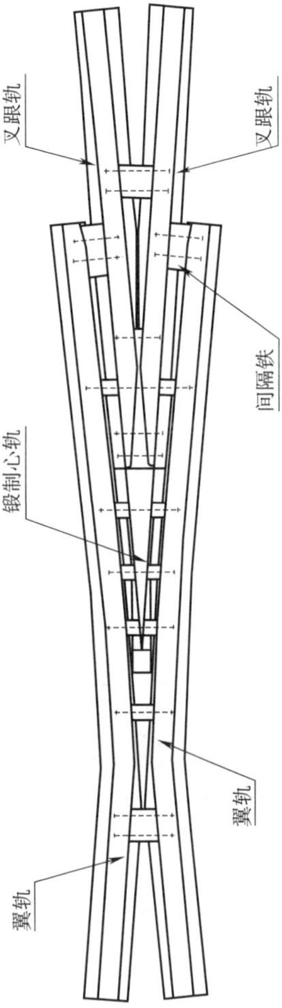

a）锻制合金钢心轨组合辙叉

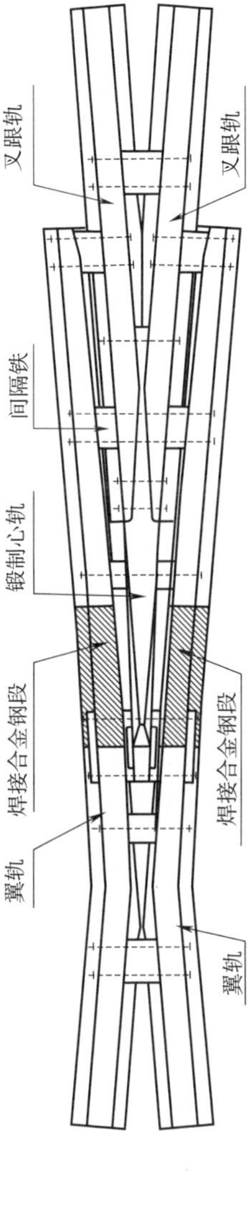

b）焊接式翼轨加强型合金钢组合辙叉

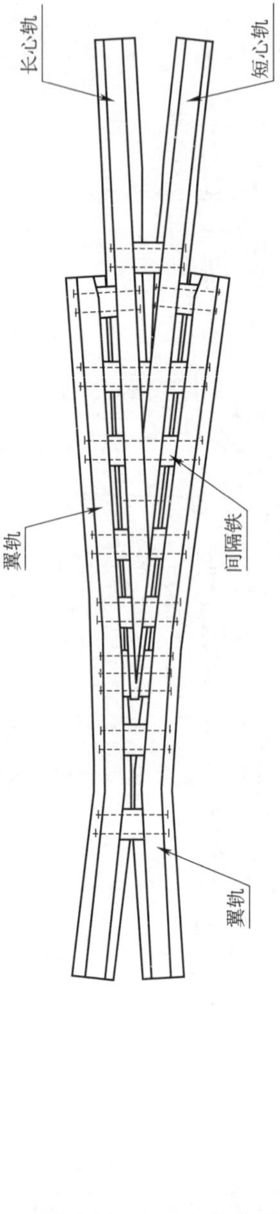

c）合金钢钢轨组合辙叉

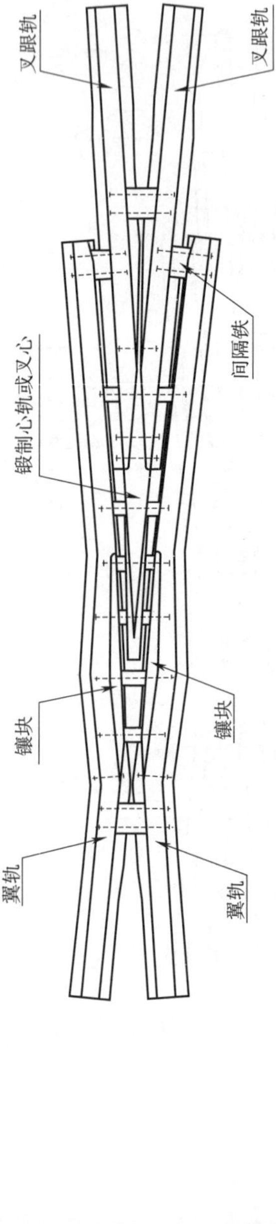

d）镶嵌翼轨式合金钢组合辙叉

图 1　合金钢组合辙叉示意

不应超过边长的 20%。心轨尖端轨顶切削面应打磨圆顺。

4.6.1　(锻制心轨、翼轨、翼轨镶块、长心轨、短心轨、叉跟轨的螺栓孔)孔径极限偏差为$^{+1.0}_{-0.2}$ mm。

4.6.2　(锻制心轨、翼轨、翼轨镶块、长心轨、短心轨、叉跟轨的螺栓孔)孔中心上下位置极限偏差为±1.0 mm。

4.6.3　有装配关系的(锻制心轨、翼轨、翼轨镶块、长心轨、短心轨、叉跟轨的螺栓)孔及相邻两孔中心距离极限偏差为±1.0 mm。

4.6.4　无装配关系的(锻制心轨、翼轨、翼轨镶块、长心轨、短心轨、叉跟轨的螺栓)孔距极限偏差为±2.0 mm,最远两孔中心距极限偏差为±3.0 mm。

4.6.5　接头螺栓孔中心至轨端距离极限偏差为±1.0 mm。

二、合金钢组合辙叉厂内组装标准的规定

(一)一般要求

《合金钢组合辙叉》(Q/CR 595—2022)

5.1.2　辙叉组装应采用 10.9 级及以上的高强度螺栓联结副联结。……

5.1.3　高强度螺栓应按设计扭矩的 100%～110% 拧紧,出厂前应进行复紧。

5.1.4　铁垫板和轨下弹性垫层可与辙叉组装,也可以按用户要求单独配置。

5.1.5　间隔铁与心轨、翼轨及叉跟轨不胶接时密贴缝隙应小于 1 mm,其中大于或等于 0.5 mm 的密贴缝隙不应超过项点总数的 10%;钢轨与间隔铁胶接时,应符合下列规定:

a) 钢轨和间隔铁螺栓孔、胶接面应去除毛刺,钢轨轨腰侧面凸起标识应打磨平整;

b) 钢轨、间隔铁的胶接面应进行表面处理，处理后应无锈斑、油污和水气；

c) 胶接层材料性能应符合 TB/T 2975 的规定。

5.1.6 螺栓防松结构应按设计正确安装。

(二)锻制合金钢心轨组合辙叉和焊接式翼轨加强型合金钢组合辙叉的组装

《合金钢组合辙叉》(Q/CR 595—2022)

5.2.1 应先将心轨和叉跟轨组装成组件，再与翼轨组装。

5.2.2 叉跟轨轨头与心轨的贴合处间隙应小于 0.5 mm(弯折点过渡圆弧范围除外)。

5.2.3 叉跟轨顶面和工作边侧面不应凸出心轨顶面和工作边侧面。

(三)合金钢钢轨组合辙叉的组装

《合金钢组合辙叉》(Q/CR 595—2022)

5.3.1 应将长心轨和短心轨先组装成组件，再与翼轨组装。

5.3.2 长短心轨各控制断面支距极限偏差为±1.0 mm。

5.3.3 翼轨与心轨轨底的间隙应大于或等于 2.0 mm。

5.3.4 长短心轨两轨头贴合处间隙应小于 0.5 mm；长短心轨轨底的间隙大于或等于 1.0 mm，见图 3 中尺寸 *S* 和 *b*。

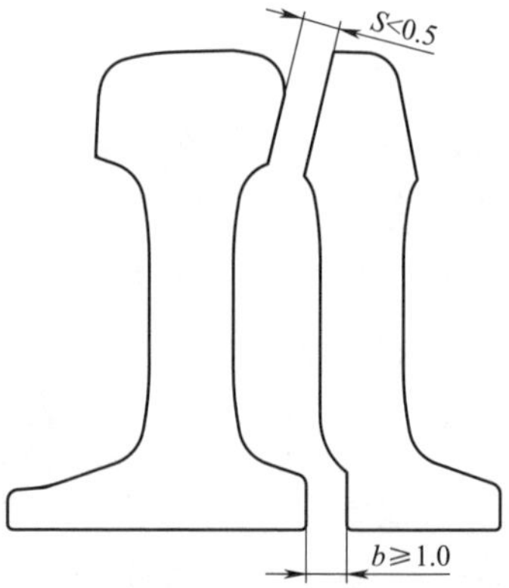

图 3　长心轨与短心轨轨间隙示意(单位：mm)

（四）镶嵌翼轨式合金钢辙叉的组装

《合金钢组合辙叉》（Q/CR 595—2022）

5.4.1 应将锻制心轨和叉跟轨组装成组件，再进行整体组装；叉心与翼轨镶块一体结构式合金钢辙叉应将整体叉心和叉跟轨组装成组件，再进行整体组装。

5.4.2 组装后翼轨轨头与镶块、心轨与叉跟轨密贴范围内间隙应小于 0.5 mm（弯折点过渡圆弧范围除外）。

5.4.3 镶块与翼轨轨底上表面间隙应小于 1.0 mm，且间隙在 0.5 mm~1.0 mm 的部位累计长度不超过镶块长度 50%，镶块各控制断面与翼轨间的高差 h 极限偏差为 $^{0}_{-1.0}$ mm，见图 4 中尺寸 h。

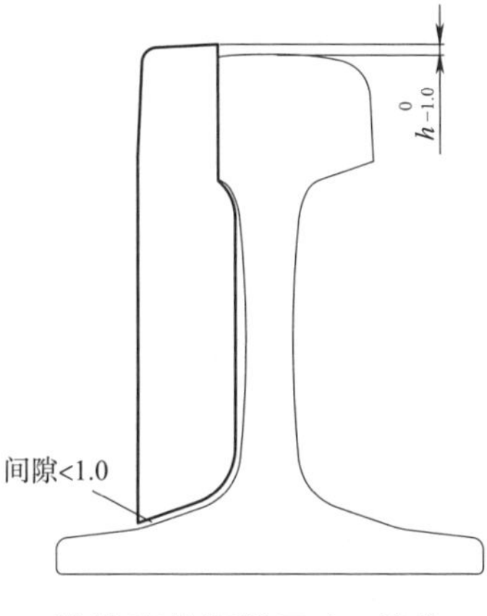

图 4　镶块翼轨间隙示意（单位：mm）

（五）辙叉组装后尺寸极限偏差

《合金钢组合辙叉》（Q/CR 595—2022）

5.5.1 辙叉组装后尺寸的极限偏差应符合图 5 的规定。

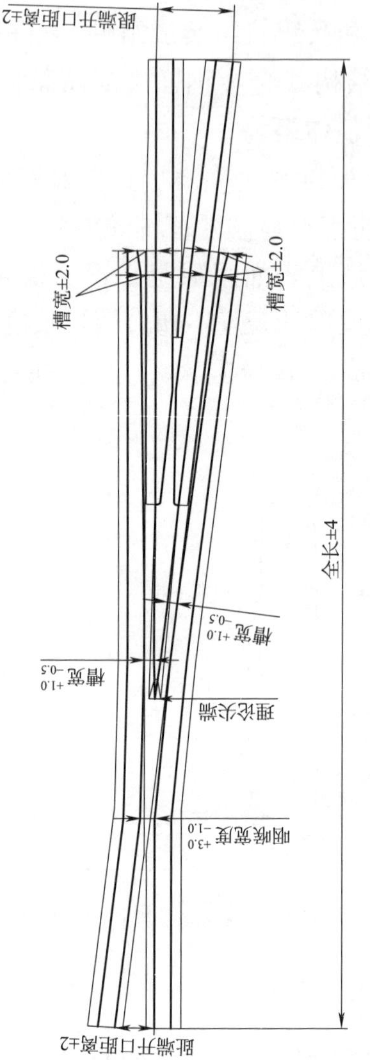

图5 辙叉的组装（单位：mm）

注：钝角辙叉基本轨工作边交点处轮缘槽执行咽喉宽度极限偏差要求。

5.5.2　辙叉全长极限偏差为±4 mm。

5.5.3　趾端和跟端开口距极限偏差为±2 mm。

5.5.4　咽喉宽度极限偏差为$^{+3.0}_{-1.0}$ mm。

5.5.5　心轨轨头各控制断面处轮缘槽宽度极限偏差为$^{+1.0}_{-0.5}$ mm，翼轨后端缓冲段轮缘槽宽度极限偏差为±2.0 mm。

5.5.6　心轨各控制断面处心轨顶面与翼轨（或镶块）顶面高差的极限偏差为±0.5 mm。

5.5.7　曲线辙叉各控制断面支距极限偏差为±2.0 mm。

5.5.8　心轨不加宽时，辙叉工作边直线度2.0 mm；辙叉工作边为曲线时应圆顺。

5.5.9　轮缘槽深度应大于或等于47 mm。

5.5.10　心轨与翼轨轨底的间隙不应小于2.0 mm。

5.5.11　当心轨与翼轨轨底平齐时，与垫板接触范围内的心轨轨底和翼轨轨底的平面度为1.0 mm/1 m（咽喉至心轨宽50 mm断面），其余部位平面度为2.0 mm/1 m。

5.5.12　辙叉安装铁垫板后，翼轨、心轨轨底与弹性垫层或铁垫板的间隙应小于0.5 mm（咽喉至心轨宽50 mm断面），其余部位间隙应小于1.0 mm。

5.5.13　辙叉趾端和跟端至心轨理论尖端的长度极限偏差为±4 mm。

三、合金钢辙叉标志、质量证明文件、储存和运输的规定

《合金钢组合辙叉》（Q/CR 595—2022）

8.1.1　整组辙叉应带有永久性标志。标志内容应包括辙叉型号、左右开、出厂编号和日期（年份为最后2位数字）、制造厂名或厂标等。心轨加宽辙叉除了以上标志内容外，还应包含心轨加宽量值。

8.1.2 辙叉应标明心轨降低值测量位置。

8.1.3 标明辙叉理论尖端的平面位置。

8.1.4 辙叉组装应标明起吊位置。

8.1.5 心轨加宽辙叉轨件应涂装成蓝色,在左翼轨轨腰外侧做出“心轨加宽 3 mm”和“仅运行货车”的白色标志。辙叉心轨各控制断面位置,翼轨轨顶喷涂白色标记线,标记线垂直于轨道中心。

8.2 质量证明文件

每组辙叉出厂时应附铺设图、辙叉合格证。

8.3 储存和运输

8.3.1 码放辙叉组件的场地应平整,码垛层数不应多于 4 层,每层用不小于 60 mm×60 mm 木质垫块垫实垫平,垫块应按高度方向垂直设置。

8.3.2 辙叉在运输装卸过程中,不应碰摔。

四、高锰钢辙叉技术规定

《高锰钢辙叉》(TB/T 447—2020)

3.1.3 用于无缝道岔的辙叉应满足无缝线路的铺设要求。

3.1.4 辙叉的类型分为高锰钢整铸辙叉和高锰钢组合辙叉两种。

3.2 原材料

3.2.1 辙叉用钢轨应采用在线热处理钢轨或合金钢钢轨制造,在线热处理钢轨应符合 TB/T 2344.1 的规定,合金钢钢轨应符合相关规定。

3.2.2 高锰钢整铸辙叉(以下简称锰叉)和高锰钢组合辙叉叉心(以下简称锰叉心)应采用奥氏体高锰钢制造,材料及性能应满足本标准的规定。

3.3.4　表面质量

3.3.4.1　锰叉和锰叉心表面应平整，不应有尖角和铸造毛刺。

3.3.4.2　心轨理论尖端前 200 mm 至心轨轨头宽 50 mm 段内与轮轨作用面不应有任何缺陷，其他部位因顶调和机械损伤导致的锰叉或锰叉心轮轨作用面缺陷深度应小于 0.5 mm。

3.3.4.7　锰叉和锰叉心表面允许存在下列铸造缺陷：

a）轮缘槽部分深度不大于 2 mm，在侧面等不加工部位的深度不大于 3 mm，长度在 10 mm 以内且相互距离不小于 250 mm 的砂眼、夹杂、气孔等缺陷（以下简称缺陷）。

b）心轨理论尖端前 200 mm 至心轨轨头宽 50 mm 段以外轮轨作用面的部位深度不大于 2 mm、长度不大于 5 mm 的缺陷。

c）锰叉和锰叉心底面深度不大于 3 mm、长度不大于 20 mm、宽度不大于 10 mm 的缺陷。

d）轨顶、工作边深度不大于 1 mm 的局部黑皮。

3.3.8　断面尺寸

除锰叉心实际尖端断面外，其余各断面宽度尺寸极限偏差为$^{+0.5}_{-1.0}$ mm。

3.4　钢轨件

3.4.1　钢轨件应采用在线热处理钢轨或合金钢钢轨制造，并应符合 3.2.1 的规定。

3.4.2　钢轨端面相对垂直、水平方向的垂直度为 1.0 mm。

3.4.3　叉跟轨长度极限偏差为±2 mm，机加工段轨底宽度极限偏差为$^{0}_{-2}$ mm，机加工段轨头宽度极限偏差为±0.5 mm（弯折点除外）。

3.4.4　翼轨长度极限偏差为±3 mm，机加工段轨底宽极限偏差为$^{0}_{-2}$ mm，机加工段轨头宽度极限偏差为±0.5 mm（弯折点除外)。轨头机加工的轨件,机加工段各控制断面高度极限偏差为±0.5 mm。

3.4.6 轨底坡扭转角度极限偏差为1∶320。

3.4.7 钢轨轨头与锰叉心的贴合面应倒角,钢轨端面和机加工的轨底应倒角或倒圆。

3.4.9 两最远螺栓中心距离极限偏差为±1.5 mm,其余螺栓孔孔位、孔径极限偏差应符合TB/T 412的规定。

五、高锰钢组合辙叉组装标准的规定

《高锰钢辙叉》(TB/T 447—2020)

4.1 辙叉应将锰叉心、叉跟轨和翼轨组装成整体。

4.2 叉跟轨与锰叉心、翼轨与锰叉心的密贴段间隙应小于1.0 mm。

4.3 辙叉本体组装后应在平台上与垫板组装,发运时不带垫板单独发运的应采用垫板胎型进行试装,垫板间距极限偏差为±5.0 mm,最远垫板间距极限偏差为±5.0 mm;在无作用力的条件下,所有垫板(或胎型)与平台的间隙应小于2.0 mm。

4.4 各高强度螺栓应按设计规定的扭矩拧紧,并复紧。螺栓扭矩应在设计扭矩的100%~110%范围内。

4.6 弹条中部与轨距块间隙为0.1 mm~1.0 mm。

4.7 辙叉全长极限偏差为±4 mm。

4.8 趾端和跟端开口距极限偏差为±2.0 mm。

4.9 辙叉趾跟端高度极限偏差为$^{+0.8}_{-0.5}$ mm。

4.10 咽喉宽度极限偏差为$^{+2.0}_{0}$ mm。

4.11 心轨轨头宽20 mm、50 mm断面处轮缘槽宽度极限偏差为$^{+2.0}_{0}$ mm,翼轨后端缓冲段轮缘槽宽度极限偏差为±2.0 mm。

4.12 轮缘槽深度不应小于47 mm。

4.13　锰叉心心轨宽 20 mm、50 mm 断面降低值极限偏差为$^{+1.0}_{-0.5}$ mm。
4.14　轨顶直线度(咽喉至心轨 20 mm 断面处除外)为 2.0 mm。
4.15　直工作边直线度(心轨加宽辙叉除外)为 2.0 mm。
4.16　铁垫板轨底坡斜度为 1 : 320。

六、高锰钢组合辙叉标志、储存和运输的规定

《高锰钢辙叉》(TB/T 447—2020)

7.1.1　辙叉应带有永久性标志。标志内容应包括辙叉型号、左右开、出厂编号和日期、制造厂名或厂标等。
7.1.2　锰叉心应标明心轨降低值的测量位置及相对高差。
7.2.1　码放辙叉组件的场地应平整,码垛层数不应多于 4 层,每层应用垫块垫实垫平,垫块应按高度方向垂直设置。
7.2.2　辙叉在运输装卸过程中不应碰摔。

> **专业管理意见 17:**辙叉选用时慎重选用高锰钢焊接式合金钢组合辙叉。新铺设道岔辙叉优先选用合金钢辙叉,其次选择高锰钢辙叉,合金钢辙叉中优先选用合金钢镶嵌式组合辙叉。

第五节　配　　件

道岔配件的材料、规格、性能等技术指标应满足相关规定,依据道岔铺设图确定配件数量和安装位置,使用中应注意同类型配件在不同部位有不同规格。

一、道岔钢轨连接配件的规定

《标准轨距铁路道岔》(TB/T 412—2020)

3.10　钢轨联结零件

3.10.1　接头夹板应符合 TB/T 2345 的规定。

3.10.2　钢轨用高强度接头螺栓与螺母应符合 TB/T 2347 的规定。

3.10.3　胶接绝缘接头应符合 TB/T 2975 的规定。

3.10.4　普通绝缘材料应符合 TB/T 2927 的规定。

二、道岔轨枕连接扣件的规定

《标准轨距铁路道岔》(TB/T 412—2020)

3.4.1　铁垫板应符合下列规定:

a）铁垫板长度极限偏差为±3 mm,宽度极限偏差为±2 mm,厚度极限偏差为±0.5 mm。

b）滑床板底面平面度为 0.5 mm,其他垫板底面平面度为 1.0 mm;机加工表面粗糙度为 MRR *Ra*max 25,承轨槽平面度为 0.5 mm。

c）滑床板台板与底板焊接后总厚度极限偏差 u 为±0.5 mm,台板上表面与底板下表面的平行度为 0.3 mm,台板上表面平面度为 0.2 mm,粗糙度为 MRR *Ra*max 12.5。……容许通过速度 v_{max}≤160 km/h 时,底板承轨槽斜面与台板上表面相对高度 v 极限偏差为±0.3 mm……。

d）无滑动作用的台板顶面与承轨槽高度差的极限偏差为$^{+0.3}_{-0.5}$ mm。

e）与混凝土岔枕连接螺栓孔径极限偏差:安装复合套或偏

心套的垫板孔径 D 极限偏差为$^{+0.8}_{+0.1}$ mm，其他垫板孔径 D 极限偏差±0.5 mm，孔至定位基准 N 极限偏差为±1.0 mm，孔距 d 极限偏差，两孔时为±1.0 mm，三孔时最近孔为±0.5 mm，最远孔为±1.0 mm。偏心距 P 极限偏差为±0.5 mm……。

f）设置轨底坡的铁垫板，其轨底坡斜度极限偏差为±1∶320……。

g）铁垫板上同一承轨槽的两侧铁座，或台板的侧面对承轨槽另一侧铁座的平行度为0.8 mm。

h）采用弹片扣压的滑床板，焊接后导铁高度不应高于设计尺寸。弹片上表面与滑床台间隙应大于或等于0.3 mm。

i）护轨垫板撑板与底板垂直度为1.0 mm。

j）滑床台板表面应做防锈处理。

k）垫板上的焊缝应均匀致密，表面不应有电弧击伤、裂纹、气孔、夹渣、未熔合、凹坑、未焊满、焊瘤及咬边等焊接缺陷。焊缝高度不应小于标注高度。有安装关系的焊缝不应凸出安装作用面。垫板各表面不应有残余焊瘤、焊渣、飞边和毛刺。

l）滑床板、护轨垫板、可动心轨辙叉垫板焊缝质量应采用表面渗透探伤检验，按GB/T 26953—2011中的2X级进行判定。探伤检验时，如焊缝位置不能进行打磨处理时，可不进行渗透探伤检验。

3.4.2　轨距块应符合TB/T 3307.4的规定。

3.4.3　盖板应符合TB/T 3307.5的规定。

3.4.4　缓冲调距块应符合TB/T 3307.6的规定。

3.4.5　T型螺栓应符合TB/T 3307.2的规定。

3.4.6 垫板螺栓应符合 TB/T 3307.3 的规定。

3.4.7 调高垫板应符合 TB/T 3307.9 的规定。

3.4.8 预埋塑料套管应符合 TB/T 3307.7 的规定。

3.4.9 Ⅰ型弹条应符合 TB/T 1495 的规定,Ⅱ型弹条应符合 TB/T 3065 的规定,Ⅲ型弹条应符合相关技术条件的要求。

3.4.10 弹片应满足下列要求:

a）原材料应符合 GB/T 1222 的规定。

b）弹片的硬度为 41 HRC~46 HRC。

c）弹片的金相组织为均匀的回火屈氏体或索氏体,心部可有微量的断续铁素体。

d）弹片不应有过热、过烧现象,总脱碳层深度不应大于 0.2 mm。

e）弹片残余翘曲最大矢度不应大于 0.2 mm。

f）弹片四周的飞边、毛刺及表面氧化皮应清理干净。

g）弹片应进行防腐处理,防腐处理不应降低弹片力学性能。

3.7 弹性垫板

3.7.1 橡胶垫板的材料、外观、物理力学性能应符合 TB/T 2626 的规定。

3.7.2 热塑性聚酯弹性体的材料、刚度、疲劳、物理力学性能应符合相关规定。

3.7.3 铁垫板下弹性垫板的尺寸极限偏差,长度为$_{-3.0}^{0}$ mm,宽度为$_{-2.0}^{+1.0}$ mm,厚度为$_{0}^{+0.5}$ mm;孔距极限偏差为±2.0 mm。

3.7.4 钢轨下弹性垫板的尺寸极限偏差,长度为±1.0 mm,宽度为±1.0 mm,厚度为$_{0}^{+0.5}$ mm;

3.7.5 弹性垫板绝缘电阻常态下应大于或等于 1×10^{8} Ω。

3.8 塑料垫片

塑料垫片材料应符合图纸规定,其尺寸极限偏差,长度为

±3.0 mm，宽度为±2.0 mm，厚度为$^{+0.5}_{0}$ mm，纵横向孔距极限偏差为±2.0 mm。

3.9　紧固件

3.9.1　道钉应符合 TB/T 1346 的规定。

3.9.2　高强度螺栓、螺母、垫圈应符合 GB/T 1231 的有关规定。

3.9.3　重型弹簧垫圈应符合 GB/T 7244 的规定。

三、道岔扣件安装的相关规定

《标准轨距铁路道岔》(TB/T 412—2020)

4.1.2　轨距块和缓冲调距块应按规定号数放置，与轨底、铁座、垫板的间隙不应大于 1.0 mm。如需调整轨距，可选用设计给定的其他号数轨距块和缓冲调距块。

《弹条Ⅰ型扣件》(Q/CR 563—2017)

6.1.2　(Ⅰ型弹条)**形式尺寸及标志**

弹条的形式尺寸及标志应符合如下规定：

e) 弹条放在平台上两侧肢前端和跟端应与平台接触，如有一处不接触，其翘起高度不应大于 0.8 mm；

f) 弹条平置时，两侧肢直线段与同一平面的接触长度(将弹条两侧肢前端与同一平面接触，在侧肢前端直线段插入 0.3 mm 塞尺，该段端部到塞尺边缘的距离为接触长度)均不应小于 5 mm，两侧肢不应有反翘；

B.2.8　在螺旋道钉上部螺纹处涂油后安装弹条、平垫圈、螺母。拧紧螺母，使弹条中部前端下颚与轨距挡板刚好接触，不应过紧或过松。弹条中部前端下颚与轨距挡板离缝不应大于 1 mm，参考扭矩为 80 N · m～100 N · m，在半径小于 600 m 的曲线地段，应在弹条中部前端下颚与轨距挡板刚好接触后将螺母加拧四分之一圈,参考扭矩为 120 N · m~150 N · m。……

B.3.3 使用中弹条中部前端下颚与轨距挡板离缝不宜大于 2 mm,扣件松弛时应及时复拧。

《弹条Ⅱ型扣件》(Q/CR 564—2017)

5.1.2 (Ⅱ型弹条)**形式尺寸及标志**

弹条的形式尺寸及标志应符合如下规定:

d) 弹条放在平台上两侧肢前端和跟端应与平台接触,如有一处不接触,其翘起高度不应大于 0.8 mm。

e) 弹条平置时,两侧肢直线段与同一平面的接触长度(将弹条两侧肢前端与同一平面接触,在侧肢前端直线段插入 0.3 mm 塞尺,该段端部到塞尺边缘的距离为接触长度)均不应小于 5 mm,两侧肢不应有反翘。

A.2.8 在螺旋道钉上部螺纹处涂油后安装弹条、平垫圈、螺母。拧紧螺母,使弹条中部前端下颚与轨距挡板刚好接触,不应过紧或过松。弹条中部前端下颚与轨距挡板离缝不应大于 1 mm,参考扭矩为 100 N · m~120 N · m,在半径小于 600 m 的曲线地段,应在弹条中部前端下颚与轨距挡板刚好接触后将螺母加拧四分之一圈,参考扭矩为 140 N · m~170 N · m。……

A.3.3 使用中弹条中部前端下颚与轨距挡板离缝不宜大于 2 mm,扣件松弛时应及时复拧。

《弹条Ⅲ型扣件》(TB/T 3570—2021)

6.1.8 (Ⅲ型弹条)**扣压力**

弹条的扣压力不应小于 11.0 kN。

《混凝土岔枕用平垫圈》(Q/CR 488—2015)

3.3　外观

平垫圈的表面应光洁，不允许有大于0.5 mm的毛刺。

> **专业管理意见18**：绝缘接头宜采用浸塑绝缘弹条；应采取安装防松螺母、备帽、开口销等有效措施对道岔关键部位螺栓进行防松处理。道岔内缓冲垫板应使用高耐磨材质。

第六节　岔　　枕

岔枕是道岔的重要部件，岔枕应按设计图纸制造，其外观状态、尺寸、存放和运输应满足相关规定。

一、岔枕的定义

《铁路线路词汇》（GB/T 36505—2018）

4.41　岔枕：道岔用的轨枕。

二、岔枕使用基本规定

《标准铁路轨距道岔》（TB/T 412—2020）

3.12.1　有砟轨道预应力混凝土岔枕应符合TB/T 3080的规定。

3.12.2　无砟轨道混凝土岔枕应符合TB/T 3297的规定。

7.1.9　岔枕应有明显的铺设方向标志。

7.3.4　岔枕多层码垛时，每层应用木质垫块垫实垫平；组装有铁垫板的岔枕，层间垫块的高度应高于铁垫板。

《铁路轨道设计规范》（TB 10082—2017）

5.2.1 混凝土轨枕使用应符合下列规定。

4 正线道岔应采用混凝土岔枕。

三、有砟轨道混凝土岔枕规定

《有砟轨道混凝土岔枕》(TB/T 3080—2014)

3.4.9 岔枕不应缺丝,表面不应有收缩或者受力产生的裂纹。

3.4.10 转换设备安装孔应符合设计规定,并采取防锈、防堵措施。

6.1 岔枕顶面应有岔枕型号、岔枕编号、制造厂名和制造年份等永久性标志。

6.4 岔枕应按水平层次存放,每两层岔枕间应设置两条(两支点)木条或厚软垫,每个支点距枕端的距离为枕长的 0.21 倍,码垛的水平层数不应超过 8 层。长度接近的岔枕形成一垛(长枕在下,短枕在上)。

6.5 岔枕装卸和运输时,不应受到损伤,支点的位置应满足设计要求。

《标准轨距铁路道岔》(TB/T 412—2020)

7.1.9 岔枕应有明显的铺设方向标志。

专业管理意见 19:混凝土Ⅱ型岔枕与混凝土Ⅲ型岔枕预埋套管不应混用,其配套使用的岔枕螺栓也不应混用。

第七节 道　　床

道床是道岔的重要组成部分,是道岔的承载主体,承受岔枕传来的压力,将压力均匀传布至路基面上。

一、道岔道床顶面高度的相关规定

《铁路轨道设计规范》(TB 10082—2017)

5.3.5　道床顶面高度应符合下列规定：

3　时速小于或等于200 km铁路铺设岔枕、桥枕等地段的道床顶面应低于轨枕承轨面3 cm。

4　有道岔转换设备的部位，道砟高度不应影响外锁闭装置或牵引杆件的正常动作。

7.3.5　铺设新Ⅱ型混凝土轨枕、Ⅲ型混凝土轨枕地段的道床顶面应与轨枕中部顶面平齐。铺设岔枕、桥枕等地段的道床顶面应低于承轨面3 cm。

二、道岔道床厚度的相关规定

《铁路轨道设计规范》(TB 10082—2017)

7.3.7　道岔区的道床厚度、肩宽、边坡应与连接的主要线路一致，连接线路轨道结构高度差应在道岔的末根岔枕外顺坡。

第六章　无缝道岔

无缝道岔是无缝线路的重要组成部分，应落实有关无缝道岔技术标准，强化无缝道岔技术管理。

一、无缝道岔基本规定

《铁路道岔和交叉名词术语》(TB/T 1353—2020)

3.4　无缝道岔：对道岔内部及两端的钢轨全部进行焊接、胶接或冻结的道岔。

二、无缝道岔在桥梁上的设置规定

《铁路无缝线路设计规范》(TB 10015—2012)

7.1.5　无缝道岔不宜设置在桥梁上；困难条件下必须铺设在桥梁上时，桥跨布置及结构设计应考虑无缝道岔纵向力的作用。

7.3.3　桥上道岔布置应符合下列规定：

1　正线道岔不应跨越梁缝，道岔始端、终端至梁缝距离不应小于 18 m。

2　站线道岔不宜跨越梁缝；困难条件下跨越梁缝时，道岔尖轨尖端、尖轨跟端、心轨尖端、心轨跟端至梁缝的最小距离应满足道岔和桥梁结构安全以及道岔转换设备正常使用等要求。

三、无缝道岔在过渡段上的设置规定

《铁路无缝线路设计规范》(TB 10015—2012)

7.1.6　无缝道岔不应设在路桥过渡段上,不宜设在路隧、路涵过渡段上。

四、无缝道岔在路基地段设置规定

《铁路无缝线路设计规范》(TB 10015—2012)

7.2.1　路基地段无缝道岔应进行钢轨强度、稳定性、尖轨位移、心轨位移及联结部件强度检算。

五、无缝道岔设计锁定轨温规定

《跨区间无缝线路道岔焊接、冻结技术条件》(运基线路〔2004〕354号)

6　锁定轨温

……同一岔区相邻道岔的锁定轨温宜一致,且与相邻单元轨节的锁定轨温差不应大于5 ℃。

《铁路无缝线路设计规范》(TB 10015—2012)

7.2.6　设计锁定轨温应符合下列规定:

1　无缝道岔设计锁定轨温应根据道岔钢轨强度、稳定性、道岔部件强度及尖轨、心轨位移进行检算。

2　无缝道岔设计锁定轨温应与其两端区间无缝线路的设计锁定轨温一致。无缝道岔应在设计锁定轨温±3 ℃范围内锁定,且相邻单元轨节间的锁定轨温差不应大于5 ℃。

六、无缝道岔用冻结夹板规定

《跨区间无缝线路道岔焊接、冻结技术条件》(运基线路〔2004〕354号)

7.1.2.2 冻结无缝道岔,采用胶接冻结时应采用全断面夹板,长度可按不同使用要求选用800~1 000 mm,材质的机械性能、硬度及几何尺寸允许偏差应符合附录A的规定。螺栓应使用M27、10.9级螺栓,材质应符合GB 1231的规定,或使用M24、12.9级螺栓。所用胶粘剂的材料性能应符合附录B的规定。

七、无缝道岔钢轨整修规定

《跨区间无缝线路道岔焊接、冻结技术条件》(运基线路〔2004〕354号)

7.1.3 道岔钢轨整修

对既有普通道岔改造成无缝道岔,必须对道岔钢轨进行更换或采取打磨、矫直、焊补等方式进行整修。

专业管理意见20:新建、改建铁路应使用新道岔铺设无缝道岔。

八、无缝道岔道床标准规定

《跨区间无缝线路道岔焊接、冻结技术条件》(运基线路〔2004〕354号)

7.1.4 清筛和补充道砟

对板结和翻浆冒泥的道床应进行清筛,并按《铁路线路设备大修规则》[①]规定的无缝线路道床断面的标准补足道砟，正线道岔的侧股线路、道岔尖轨范围的道床应另加宽0.10 m。

专业管理意见21：无缝道岔设置在10‰及以上的下坡道时，应对道岔及其前后线路加强锁定并采取必要的防爬措施。

① 编者注：2006年已废止，目前应按照《普速铁路线路修理规则》执行。

第七章　结　合　部

本章主要包括转换设备、融雪装置、绝缘及轨道电路等工、电结合部的设备技术标准。掌握相关设备构造、技术标准、特性及对既有设备的影响情况，有利于现场作业安全控制，保证设备正常使用状态。

第一节　转换设备

道岔转换设备是工、电专业设备结合较为紧密、相对薄弱、问题多发的部位，掌握其相关的设备构造、标准及特性，有利于提高结合部设备标准，保证设备正常使用状态。

一、道岔转换设备的相关定义

《铁路道岔转换设备安装技术条件》（TB/T 3508—2018）

2.1　道岔转换设备

道岔转换设备是用于道岔转换、锁闭以及对道岔所处位置及状态进行监督的设备，包括转辙机（电动、电液、电空转辙机）及转换锁闭器、密贴检查器、外锁闭装置、安装装置。

2.2　内锁闭

设在转辙机内部，锁闭转辙机动作杆于终端位置的机构。

2.3　外锁闭

设在转辙机外面，主要锁闭道岔可动部分于密贴位置的机构。

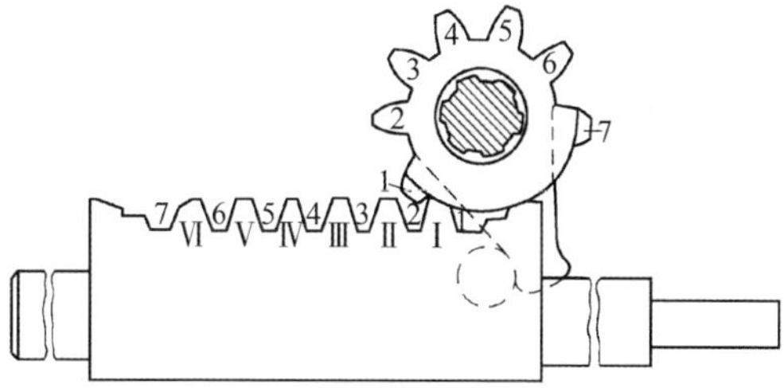

(a)定位锁闭状态

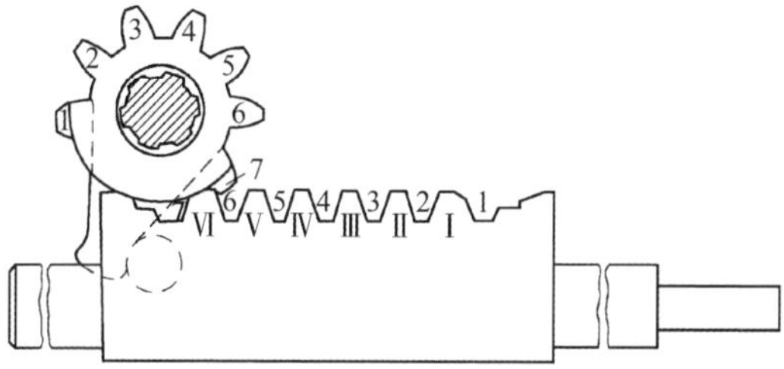

(b)反位锁闭状态

转辙机内锁闭原理

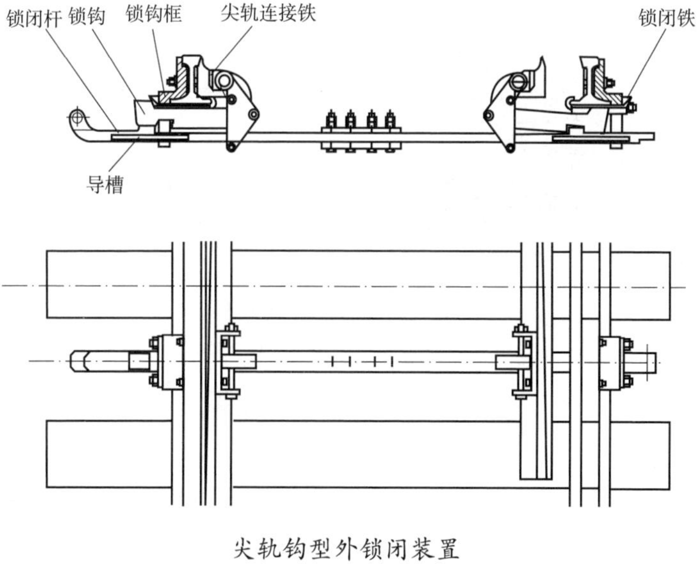

尖轨钩型外锁闭装置

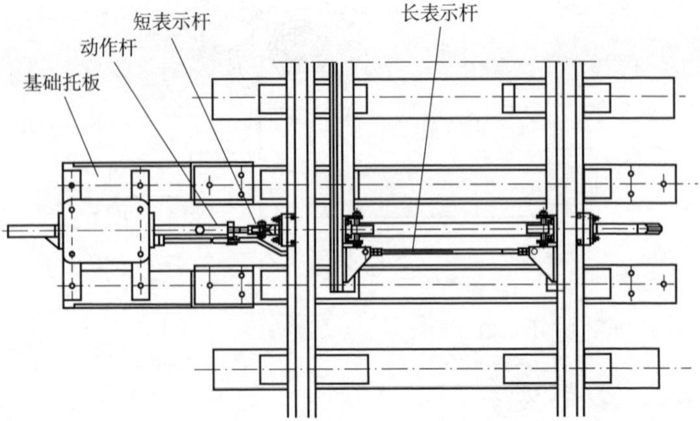

尖轨钩型外锁闭安装装置及转辙机

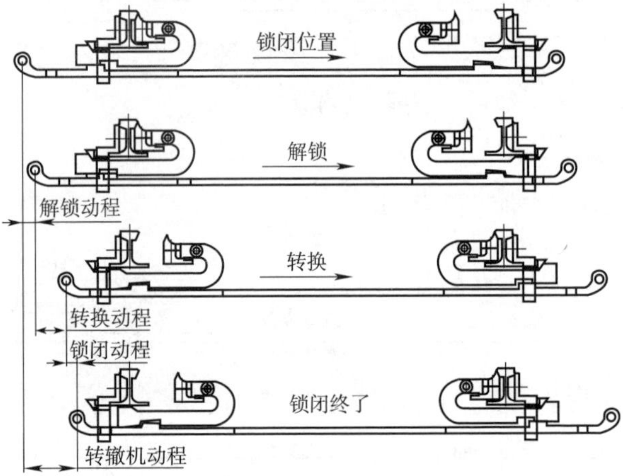

尖轨钩型外锁闭装置动作过程

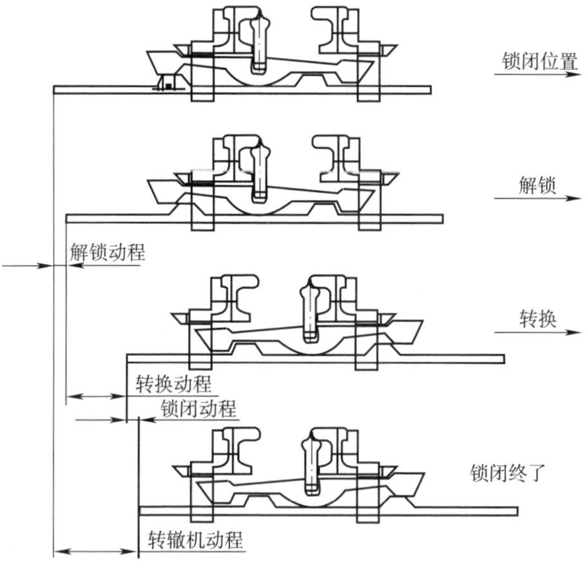

可动心轨钩型外锁闭装置动作示意

2.4　安装装置

支撑和固定转辙机、密贴检查器、转换锁闭器的装置和连接杆件。

2.5　锁闭量

锁闭装置从锁闭开始至锁闭结束的行程。

2.6　多点多机牵引

对于设置两点及以上牵引点的道岔，每一个牵引点设置独立的转辙机或转换锁闭器进行转换锁闭的方式。

二、道岔转换设备基本技术规定

《铁路道岔转换设备安装技术条件》(TB/T 3508—2018)

3.2　尖轨刨切范围内与基本轨密贴，心轨刨切范围内应与翼轨密贴，装有表示拉杆的外锁闭牵引点及内锁闭道岔第一牵引点处,尖轨与基本轨间、心轨与翼轨间有 4 mm 及以上水平间隙时,道岔不应锁闭。

3.3 列车直向通过速度大于 120 km/h 或重载线路及其他有特殊要求的道岔,应采用外锁闭;可动心轨辙叉单开道岔,应采用外锁闭和不可挤型转辙机。

3.9 内锁闭道岔转辙机托板应与道岔通长垫板连接牢固。

3.12 安装转辙机需要的空间为转辙机最外侧距离基本轨工作边不小于 2 290 mm(牵引点中心线处测量)。

《铁路道岔转换设备安装技术条件》(Q/CR 848—2021)

4.3 有下列情况之一时,道岔应采用外锁闭:

a) 设计直向允许通过速度 120 km/h 以上的道岔;

b) 货车轴重 25 t 及以上区段的正线道岔;

c) 可动心轨辙叉单开道岔;

d) 其他有特殊要求的道岔。

4.9 道岔转换设备安装位置应排水良好,必要时设排水沟。

三、道岔密贴检查器规定

《铁路道岔转换设备安装技术条件》(TB/T 3508—2018)

4.2 直向通过速度大于 160 km/h 的正线道岔尖轨密贴段牵引点间应设置密贴检查器。

《铁路道岔转换设备安装技术条件》(Q/CR 848—2021)

4.4 有下列情况之一时,道岔应设置密贴检查器:

a) 设计直向允许通过速度大于 160 km/h 的道岔;

b) 设计直向允许通过速度等于 160 km/h 且设计轴重 27 t 及以上的道岔;

c）其他有特殊要求的道岔。

《标准轨距铁路道岔》（TB/T 412—2020）

4.12.4　密贴检查器两侧调整连接杆件应在同一轴线，其功能应满足尖轨与基本轨间有 5 mm 间隙时无表示、4 mm 间隙时有表示的要求。

四、道岔密贴检查规定

《铁路道岔转换设备安装技术条件》（TB/T 3508—2018）

4.3　直向通过速度 120 km/h 及以下的道岔转换设备安装应满足下列技术要求：

a）单点牵引道岔牵引点中心线处，密贴尖轨与基本轨间有 4 mm 及以上水平间隙时，不应锁闭或接通道岔表示。

b）多点牵引道岔第一牵引点中心线处，密贴尖轨与基本轨间有 4 mm 及以上水平间隙时，不应锁闭或接通道岔表示；其余密贴段牵引点中心线处，密贴尖轨与基本轨间有 6 mm 及以上水平间隙时，不应锁闭或接通道岔表示。

4.4　直向通过速度大于 120 km/h 小于或等于 160 km/h 的道岔转换设备安装应满足下列技术要求：

a）单点牵引道岔牵引点中心线处，密贴尖轨与基本轨间有 4 mm 及以上水平间隙时，不应锁闭或接通道岔表示。

b）多点牵引道岔，尖轨及心轨第一牵引点中心线处，密贴尖轨与基本轨、心轨与翼轨间有 4 mm 及其以上水平间隙时，不应锁闭或接通道岔表示，其余密贴牵引点检查 6 mm；尖轨牵引点间有 10 mm 及以上水平间隙时，不应接通道岔表示。

4.6 密贴检查测量工具为20 mm宽的金属板,厚度根据要求确定,厚度偏差-0.1 mm~+0.1 mm,插入深度为轨面以下不小于20 mm。

《普速铁路信号维护规则　技术标准》(TG/XH 101—2015)(铁总运〔2015〕238号)

3.1.14 道岔尖轨(心轨)与基本轨(翼轨)的密贴力应符合下列要求:

a) 内锁闭道岔第一牵引点应满足"2 mm锁闭",尖轨与基本轨密贴力相当于1 000 N。

b) 外锁闭道岔在密贴状态下,第一牵引点尖轨(心轨)与基本轨(翼轨)的缝隙应不大于1 mm。

3.1.15 用于道岔表示系统的密贴检查装置,第一牵引点处尖轨与基本轨、心轨与翼轨密贴有4 mm及以上间隙时,不得接通道岔表示。

五、道岔转换设备安装对道岔铺设状态要求的规定

《铁路道岔转换设备安装技术条件》(TB/T 3508—2018)

8.1 尖轨与基本轨、心轨与翼轨密贴段应达到静态密贴,尖轨与基本轨,心轨与翼轨间在牵引点中心线处不应有大于0.5 mm的间隙。

8.2 外锁闭道岔尖轨开口(动程)误差-3 mm~+5 mm。

8.3 牵引点前后滑床台应与尖轨、心轨接触,困难条件下可有一块不接触,最大间隙应不大于0.5 mm。

8.4 牵引点位置岔枕应方正,偏差不超过3 mm。

8.5 两侧基本股、心轨、翼轨沿线路方向的相错位置偏差不超过2 mm。

《标准轨距铁路道岔》(TB/T 412—2020)

4.12.1 转辙机安装时,托板或长角钢应与直股基本轨垂直,转换杆件沿线路纵向安装偏差为±5 mm,转辙机外壳两端与直基本轨直线距离极限偏差为±3 mm。

六、联锁道岔转换设备安装标准的规定

《普速铁路信号维护规则　技术标准》(TG/XH 101—2015)(铁总运〔2015〕238 号)

3.1.2 联锁道岔转换设备的安装应方正,并符合下列要求:

a) 道岔转换设备应与单开道岔直股基本轨或直股延长线、双开对称道岔股道中心线相平行。各种类型转辙机及转换锁闭器外壳所属线路侧面的两端与基本轨或中心线垂直距离的偏差:内锁闭道岔不大于 10 mm,外锁闭道岔不大于 5 mm。

b) 各种类型的道岔杆件均应与单开道岔直股基本轨或直股延长线、双开对称道岔股道中心线相垂直。各杆件的两端与基本轨或中心线的垂直偏差:内锁闭道岔的密贴调整杆、表示杆、尖端杆不应大于 20 mm;分动外锁闭道岔各牵引点的锁闭杆、表示杆不应大于 10 mm。

c) 道岔的密贴调整杆、表示杆、尖端杆、拉杆及外锁闭装置的锁闭杆、表示杆,其水平方向的两端高低偏差不应大于 5 mm(以两基本轨工作面为基准)。

d) 连接轨枕的托板与两基本轨轨顶面的延长线平行,托板两端及两托板的高低偏差不应大于 5 mm。

e) 道岔转换设备的锁闭及安装装置必须有足够的强度和刚度。安装装置宜有减振措施并采用防松螺栓、螺母;

60 kg/m 及以上钢轨的道岔采用角钢安装时，其转辙设备安装装置应采用 125 mm×80 mm×12 mm 的角钢。

七、道岔工、电结合部规定

《铁路道岔转换设备安装技术条件》（Q/CR 848—2021）

9.1 道岔尖轨、心轨、基本轨的爬行、窜动量不得超过 20 mm，尖轨、心轨、基本轨爬行、窜动不得影响道岔方正，造成杆件别劲、磨卡及外锁闭锁闭框调整孔无调整间隙。

9.2 道岔尖轨、心轨无影响道岔转换、密贴的翘头、拱曲、侧弯、肥边和反弹。

9.3 钢轨配件轨撑、顶铁、辊轮、限位器、扣件、挡砟板、防跳限位装置、铁垫板、各类螺栓、胶垫齐全，作用良好。

9.4 混凝土构件中的钢筋应与安装件绝缘。

9.5 防跳顶铁与尖轨轨肢上表面、心轨轨肢上表面的间隙为 3 mm～5 mm。

9.6 尖轨或心轨与滑床台不得有连续空吊，牵引点前后滑床台应与尖轨或心轨轨底接触。尖轨或心轨与滑床台间隙应符合以下要求：

a）设计直向允许通过速度大于 160 km/h 时应小于 1 mm；

b）设计直向允许通过速度不大于 160 km/h 时应小于 2 mm。

9.7 顶铁与尖轨或心轨轨腰间隙均匀，应符合以下要求：

a）设计直向允许通过速度大于 160 km/h 时应小于 1 mm；

b）设计直向允许通过速度不大于 160 km/h 时应小于 2 mm。

9.8 轨撑作用面与钢轨离缝不应大于 2 mm。

9.9 活接头尖轨跟部固定装置作用良好，不得使尖轨产生弹性。

9.10 弹性可弯尖轨分动道岔，在道岔转换设备安装前，尖轨与基本轨、心轨与翼轨密贴段应达到静态密贴，尖轨与基本轨、心轨与翼轨在尖轨或心轨尖端至第一牵引点中心线处不应有大于 0.5 mm 的间隙，其余密贴位置不应有大于 1.0 mm 的间隙。

9.11 安装转辙机和密贴检查器的岔枕及无砟道岔板应预留安装托板连接孔，无砟道床应预留杆件安装空间。

9.12 手摇无过大反弹力，转辙机解锁时尖轨、心轨无明显反弹。

9.13 各牵引点转换阻力应小于转辙机额定转换力。

9.14 转辙器工、电结合部要求：

a）尖轨在密贴状态下，各牵引点安装外锁闭位置，内侧轨腰与基本轨非工作边的尺寸 C 极限偏差为 ±2.5 mm（见图 3）；

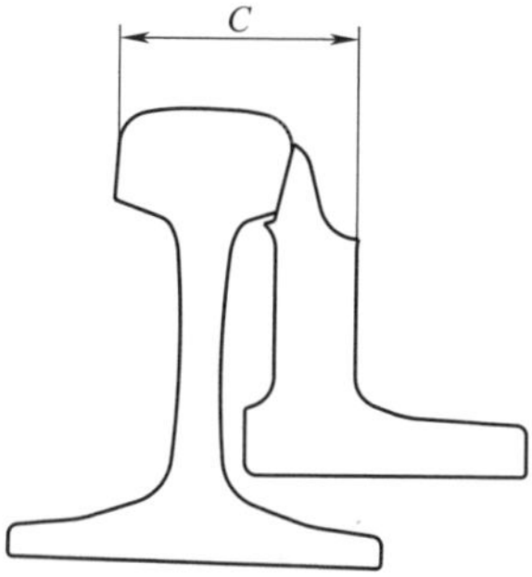

图 3 尖轨内侧轨腰与基本轨非工作边尺寸示意图

b）转换设备锁闭状态下，尖轨第一牵引点的密贴间隙应小于 0.5 mm，其余密贴牵引点处间隙应小于 1.0 mm（见图 4）；

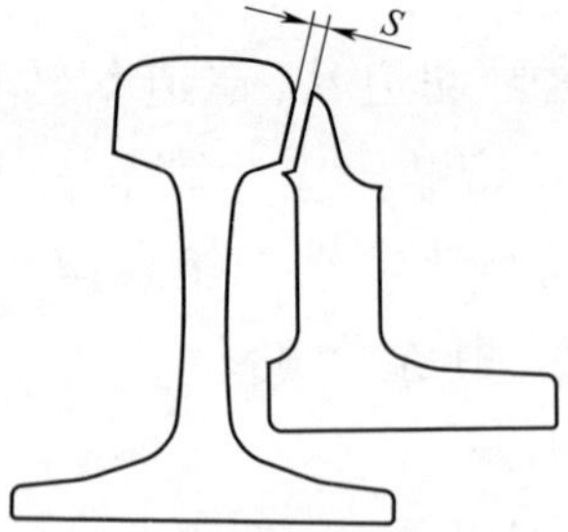

图 4　尖轨与基本轨间隙示意图

c）直、曲基本轨前端相对位置极限偏差为±2 mm，尖轨尖端至基本轨前端距离极限偏差为$^{+4}_{0}$ mm；

d）牵引点处尖轨开口极限偏差为$^{+5}_{-3}$ mm，存在虚开口时，防跳限位装置铁卡可与斥离尖轨轨肢侧面接触。

9.15 可动心轨辙叉工、电结合部要求：

a）心轨在密贴状态下，牵引点安装外锁闭位置，内侧轨腰与翼轨非工作边的尺寸 *C* 极限偏差为±2.5 mm（见图 5）；

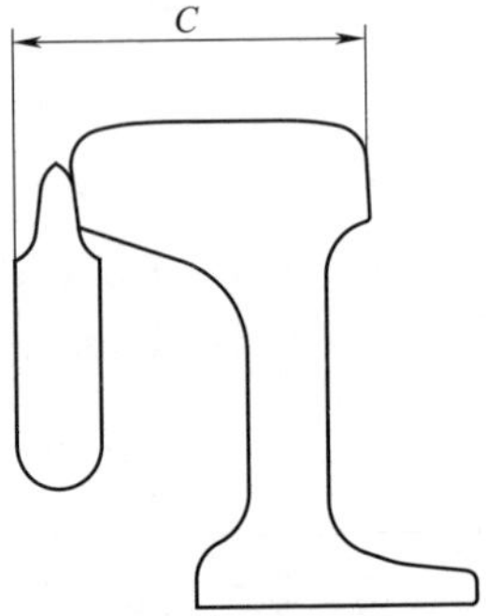

图 5　心轨内侧轨腰与翼轨非工作边尺寸示意图

b）牵引点处翼轨轨头外侧面与轨底外侧面相对距离 *B* 极限偏差为±1.5 mm（见图 6），牵引点处两翼轨轨头外侧面距离 *C* 极限偏差为±3 mm（见图 6）；

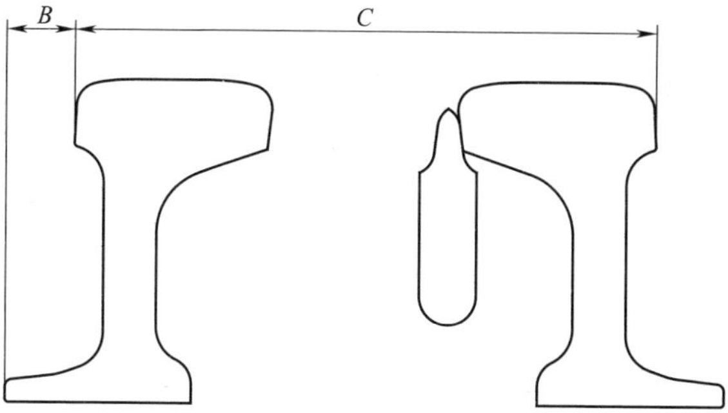

图 6　翼轨轨头外侧面与轨底外侧面距离及两翼轨轨头外侧面距离示意图

c）心轨二动处于定、反位时，牵引点处长短心轨间接头铁与两侧翼轨轨底外侧面距离极限偏差为±3 mm（见图 7、图 8）；

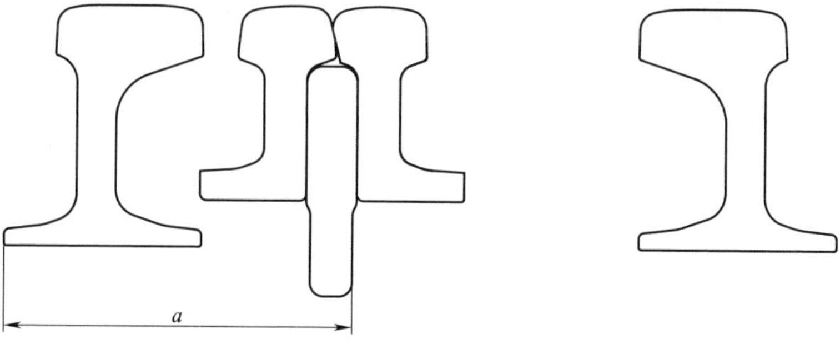

图 7　定位接头铁与翼轨轨底外侧面距离示意图

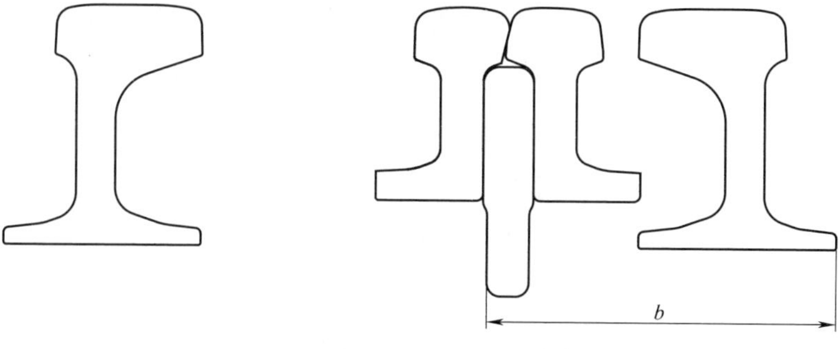

图 8　反位接头铁与翼轨轨底外侧面距离示意图

d）转换设备锁闭状态下，可动心轨在轨头切削范围内应分别与两翼轨密贴，心轨第一牵引点与翼轨的密贴间隙应小于 0.5 mm，其余部位密贴间隙应小于 1.0 mm；

e）可动心轨辙叉第一牵引点开口极限偏差为$^{+2}_{-1}$ mm。

9.16 辊轮调整要求：

a）在密贴状态下，双辊轮中的内侧辊轮及单辊轮与尖轨轨底的间隙应为 1 mm～2 mm；

b）在斥离状态下，滑床台上表面与尖轨轨底间的间隙应为 1 mm～3 mm；

c）在转换过程中，辊轮应与尖轨轨底接触。

9.17 转辙器和辙叉牵引点前后岔枕应组装方正，与牵引点中心线位置极限偏差为±3 mm。牵引点处岔枕间距极限偏差应符合以下要求：

b）设计直向允许通过速度不大于 200 km/h 时为±5 mm。

《普速铁路信号维护规则　技术标准》（TG/XH 101—2015）（铁总运〔2015〕238 号）

3.1.19 道岔工、电结合部应满足下列要求：

a）道岔各部框架轨距、牵引点处开程、锁闭量应符合标准。

f）道岔转辙部位的轨枕间距符合标准，窜动不得造成杆件别劲、磨卡，影响道岔方正和道岔的正常转换。

g）道岔转换时基本轨横移不得导致道岔的 4 mm 锁闭。道岔尖轨防跳限位器、各部轨距调整块作用良好，不得影响道岔正常转换，斥离轨游离不得造成道岔静态失去表示。

i）滑床板无影响道岔转换的脱焊、断裂、塌陷、凹槽、侧斜等。

专业管理意见 22：道岔岔枕应按道岔设计图标准配置，岔枕间间距应严格执行设计图纸的要求，SC350 型道岔岔枕心轨牵引点、双转第一牵引点、双转第二牵引点岔枕间距误差最大为+10 mm。

八、道岔转换设备杆件间隙和间隔规定

《普速铁路信号维护规则　技术标准》（TG/XH 101—2015）（铁总运〔2015〕238 号）

3.1.5　道岔转换设备的各种杆件及导管等螺纹部分的内、外调整余量不应小于 10 mm。表示杆的销孔旷量应不大于 0.5 mm，其余部位的销孔旷量应不大于 1 mm。

3.1.6　密贴调整杆动作时，其空动距离应在 5 mm 以上。

3.1.7　穿越轨底的各种杆件，距轨底的净距离应大于 10 mm。

九、道岔外锁闭装置绝缘电阻及试验规定

《铁路道岔转换设备　道岔外锁闭装置》（TB/T 3534—2018）

5.5　绝缘电阻

绝缘件的绝缘电阻应符合以下规定：

a）正常绝缘电阻：用 500 V 兆欧表测量时绝缘件的绝缘电阻不应小于 500 MΩ；

b）潮湿绝缘电阻：按 TB/T 3396.5—2015《高速铁路扣件系统试验方法　第 5 部分：绝缘电阻的测定》测试时，绝缘件的绝缘电阻不应小于 5 kΩ。

《铁路道岔转换设备安装技术条件》(TB/T 3508—2018)

5.3 外锁闭装置锁闭杆应具有绝缘性能,满足500 V的兆欧表测量电阻不小于25 MΩ的要求。

《铁路道岔外锁闭装置》(Q/CR 818—2021)

7.10.1 正常绝缘电阻测试:温度20 ℃±10 ℃;相对湿度45%~80%;用500 V兆欧表测量。

7.10.2 潮湿绝缘电阻测试:按TB/T 3396.5规定的测试方法,用锁闭杆组件代替轨枕扣件组件进行测试,测试部位按照图11规定的(N,M)。

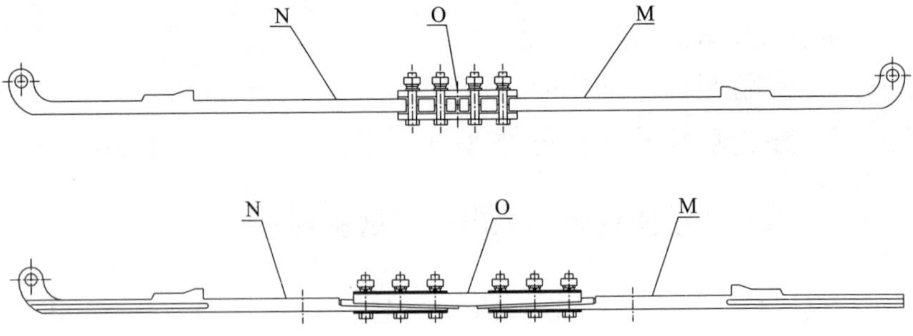

图11 绝缘电阻测试位置示意图

7.10.3 正常绝缘电阻测试三个部位,即(N,O)、(M,O)、(N,M),按照图11的规定,每一个部位测试一次,测试部位应清洁无锈。

十、道岔外锁闭装置锁闭量及轨件位移量规定

《铁路道岔转换设备安装技术条件》(TB/T 3508—2018)

5.1 外锁闭装置的锁闭量:尖轨、心轨第一牵引点不应小于

25 mm，其余牵引点不应小于 20 mm。

5.2　外锁闭装置应满足道岔尖轨相对基本轨位移量 -40 mm～+40 mm、心轨相对翼轨位移量 -20 mm～+20 mm 的要求。

《铁路道岔转换设备安装技术条件》(Q/CR 848—2021)

6.2　外锁闭装置两侧锁闭量差值极限偏差为 2 mm。

第二节　融雪装置

道岔融雪装置是轨道附属设备。工务作业人员需要了解掌握相关技术要求和对既有设备的影响情况，便于现场作业安全控制，确保设备正常运用。道岔融雪设备主要由电气控制柜、隔离变压器、电加热元件、环境监测装置(轨温传感器)及连接线缆等组成。

一、道岔融雪电加热元件安装规定

《电加热道岔融雪系统设备》(TB/T 3539—2018)

5.2.14　道岔融雪电加热元件安装范围配置原则如下：

a) 安装电加热元件应保证安全可靠，不应影响道岔和轨道电路正常动作。

b) 道岔安装电加热元件的加热长度宜覆盖尖轨尖端前至尖轨根部最后一个顶铁、心轨尖端至心轨根部最后一个顶铁。

c) 根据道岔融雪系统应用区域不同，可在道岔外锁闭框、牵引点沟槽内、密贴检查器等部位安装电加热元件；区域划分可参考附录 B，建议严寒、寒冷地区全部安装，其他地区可选装。

B.1 电加热元件安装位置参考如下：

a) 道岔基本轨、心轨(翼轨)的轨道或轨坡；

b) 滑床板、外锁闭框；

c) 牵引点、密贴检查器杆件下面；

d) 其他可利用位置。

《普速铁路信号维护规则　技术标准》(TG/XH 101—2015)(铁总运〔2015〕238号)

3.9.4 室外设备安装及配置应符合下列要求：

a) 电加热元件应安装于基本轨(翼轨)的轨腰或底部、滑床板以及其他可利用位置，两根电加热元件间应有不小于20 mm的间隙。

d) 道岔融雪设备部件应齐全、安装完整，连接和防护部件紧固无松动。防腐处理应良好，部件无破损。

e) 不得侵入铁路建筑限界。

专业管理意见23：道岔融雪设备的轨温传感器安装位置距尖轨尖端2~3 m，与轨底接触面无缝隙、固定牢固。道岔融雪设备的电加热元件过渡段距尖轨尖端距离不得小于100 mm，钢轨同侧纵向两相邻电加热元件间距应在100~200 mm之间，两根平行安装的电加热元件间应有不小于20 mm的间距。

二、道岔电加热元件卡具安装规定

《电加热道岔融雪系统设备》(TB/T 3539—2018)

5.11.1 电加热元件安装卡具要求：

a) 应满足50 kg/m、60 kg/m、75 kg/m标准轨道岔安装

要求；

b）固定电加热元件的各种卡具的耐腐蚀性能评级应符合 GB/T 6461—2002 中 4/4 s E 的规定；

c）采用螺栓固定电加热元件的卡具，应配防松螺母；

d）电加热元件的固定、拆卸应方便；

e）各种安装卡具不应影响道岔正常转换。

专业管理意见 24：道岔融雪设备安装在基本轨轨腰、轨底的电加热元件，两根轨枕间至少安装 1 个卡具。线间铺设的道岔融雪设备电源电缆不得外露，应埋设在道床下（深度不小于 200 mm）。

第三节　绝缘及轨道电路

绝缘及轨道电路是联锁和闭塞关系的重要组成部分，绝缘位置确定、绝缘类型选择和轨道电路区段设置，应遵守有关规范和标准的规定。

一、轨道电路绝缘设置位置规定

《铁路信号设计规范》（TB 10007—2017）

4.1.12　除设置于双动道岔渡线的绝缘节外，其他与警冲标相关的、用于分割相邻轨道区段的绝缘节应设置于警冲标内方；绝缘节距警冲标沿线路方向的距离，无动车组运行时不得小于 3.5 m①、有动车组运行时不得小于 5 m。

4.1.13　除设置于双动道岔渡线的绝缘节外，其他与警冲标相

① 编者注：见 200 页图。

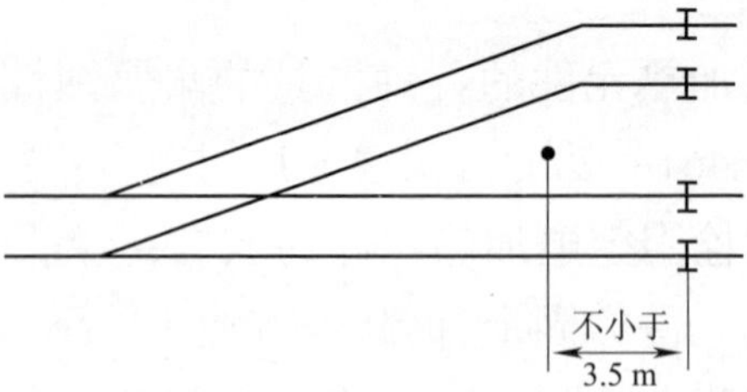

关的、用于分割相邻轨道区段的绝缘节，遇下列情况应设计为侵入限界绝缘：

1 设置于警冲标外方时；

2 与警冲标并置时；

3 设置于警冲标内方但距警冲标沿线路方向的距离小于规定的最小值（无动车组运行时为 3.5 m、有动车组运行时为 5 m）时。

4.1.14 接近信号机、进站信号机、进路信号机、出站信号机、通过信号机以及调车信号机处的机械绝缘节应与信号机并列设置，无法并列时应符合下列规定：

1 接近信号机、进站信号机、接车进路信号机、接发车进路信号机、线路所通过信号机以及自动闭塞区间并置的通过信号机处，绝缘节可设置于信号机前方 1 m 至后方 1 m 的范围内；

2 发车进路信号机、出站兼发车进路信号机、出站信号机以及自动闭塞区间单置的通过信号机处，绝缘节可设置于信号机前方 1 m 至后方 6.5 m 的范围内；

3 调车信号机处的绝缘节可设置于信号机前方 1 m 至后方 1 m 的范围内；调车信号机设置于到发线时，可按本条第 2 款执行。

4.2.10 道岔绝缘的设置应符合下列规定：

2 道岔绝缘宜设置于无电码化的线路分支；道岔区段不属电码化区段时，道岔绝缘宜设置于线路直股。

《普速铁路信号维护规则　技术标准》(TG/XH 101—2015)(铁总运〔2015〕238号)

4.1.8 轨道电路钢轨绝缘的设置应符合下列要求。

b) 轨道电路的两钢轨绝缘应设在同一坐标处，当不能设在同一坐标时，其错开的距离(死区段)不应大于2.5 m，如图4.1.8(b)所示。对旧结构道岔，道岔内的死区段不大于5 m。

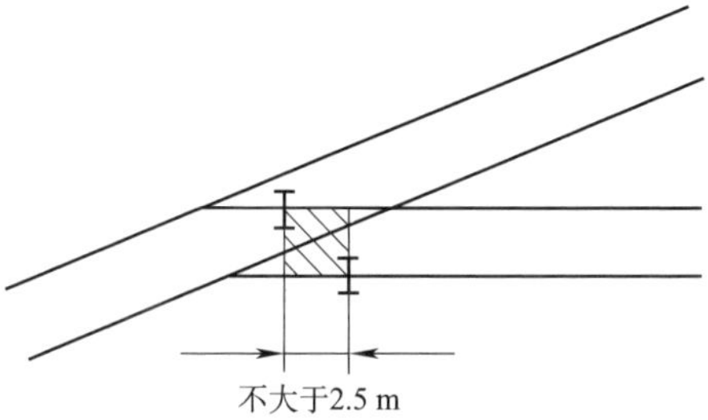

图　4.1.8(b)

c) 两相邻死区段间的间隔如图4.1.8(c)所示，或与死区段相邻的轨道电路的间隔如图4.1.8(d)所示，一般不小于18 m；当死区段的长度小于2.1 m时，其与相邻死区段间的间隔或与相邻轨道电路的间隔允许15~18 m。

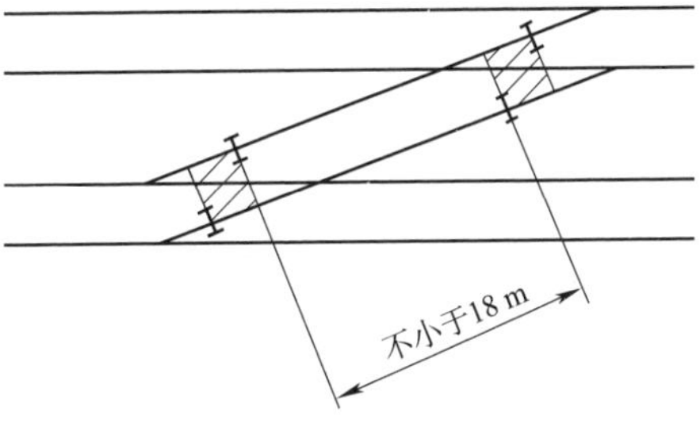

图　4.1.8(c)

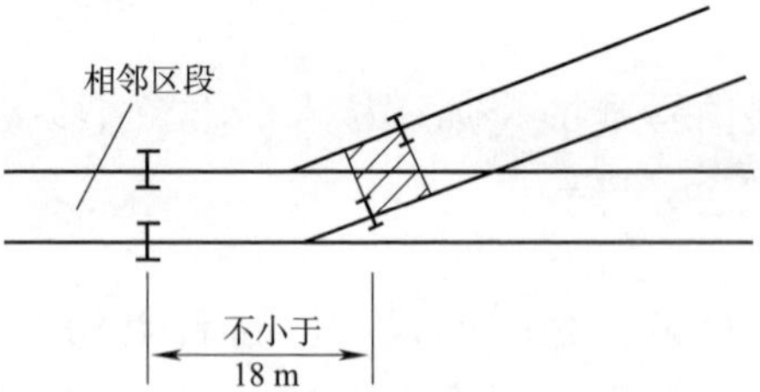

图　4.1.8(d)

e) 集中联锁车站的牵出线、机待线、出库线、专用线或其他用途的尽头线入口处的调车信号机前方,应设轨道电路,其长度不得小于 25 m。与专用铁路接轨的入口处的信号机为调车信号时,其外方的轨道区段的长度不宜小于 400 m。

f) 安全线或避难线纳入集中联锁时,其所在区段的钢轨绝缘应设在安全线或避难线的末端。

g) 列车运行速度不超过 120 km/h 时,非自动闭塞区段的集中联锁车站,进站预告信号机处的钢轨绝缘,宜安装在预告信号机前方不小于 100 m 处。

i) 在平交道口处的钢轨绝缘,应安装在公路路面两侧外部小于 2 m 处。桥梁(隧道)护轮轨两端应安装钢轨绝缘,护轮轨超过 200 m 时,每根护轮轨间隔 200 m 增加 1 组钢轨绝缘。

专业管理意见 25:侧向行车较多的正线道岔、站线道岔,条件允许时应将绝缘设置在直股。新建线路绝缘接头不应设置在曲线上,必须设在曲线上时半径不宜小于 1 200 m。

二、机械绝缘节设置规定

《铁路信号设计规范》(TB 10007—2017)

4.2.9 机械绝缘节的设置应符合下列规定：

1 绝缘节的两个钢轨绝缘应对齐设置；不能对齐时，两个钢轨绝缘错开的距离不宜大于2.5 m；

2 异形钢轨接头处不得设置钢轨绝缘；

3 站内正线的绝缘节宜采用胶接绝缘接头，并应符合胶接或配轨的要求。

三、轨道电路区段附属设备绝缘和技术规定

《铁路信号设计规范》(TB 10007—2017)

4.2.11 轨道电路内的轨距杆、转辙设备的安装装置和其他连接钢轨的具有导电性能的配件均应设置绝缘。

4.2.13 轨道电路的钢轨接续线、轨旁设备的钢轨引接线宜冗余设置。

4.2.14 扼流变压器钢轨引接线应采用等阻线。

四、道岔区段轨道电路的规定

《普速铁路信号维护规则　技术标准》(TG/XH 101—2015)(铁总运〔2015〕238号)

4.1.13 道岔区段的轨道电路应符合下列要求：

a) 轨道电路的道岔跳线应采用双跳线。

e) 一送多受轨道电路，同一道岔区段最多不应超过3个接收端(单动道岔不超过3组，复式交分道岔不超过2组)。

附录一　专业管理意见解读

专业管理意见1(P9):活动断裂带、地面严重沉降区、冻结深度较大且地下水位较高的季节性冻土区及深厚层软土等变形不易控制的特殊地质条件地段,不应采用无砟轨道结构。

意见解读:不良地质构造和季节性冻胀严重地区对无砟轨道结构的影响较大,地质构造变化和反复的冻胀作用导致无砟轨道沉降、变形,影响结构稳定,给后续运营维护增加难度。所以在地质情况复杂、地基处理不满足要求,以及冻胀剧烈的特殊地段不应采用无砟轨道。

专业管理意见2(P12):根据《国铁集团工电部关于印发〈深化铁路工电设备设施建设三年行动方案〉的通知》(工电综技函〔2023〕42号)附件2开展工电设备设施补强整治“普铁站线短轨线路更换为60 kg/m再用轨无缝线路”的要求,新建线路除安全线外应铺设60 kg/m无缝线路。

意见解读:目前,国铁正线大量使用60 kg/m钢轨,车轮踏面已适应60 kg/m、60N廓形,在50 kg/m钢轨线路运行易造成轨头异常磨损形成肥边,所以站线已不适宜铺设50 kg/m钢轨。有缝线路的维护工作量较无缝线路大幅度提升,在铁路从业人员逐步缩减的大背景下不应再大量铺设有缝线路。鉴于上述因素,除安全线外的站线应铺设60 kg/m无缝线路,运量较小的站线可铺设再用60 kg/m无缝线路。

专业管理意见3(P29):车站两端制动距离内曲线半径应不小于1 600 m。

意见解读:列车进站前需制动减速,在制动距离范围内的曲线,由于长期受列车制动作用产生滑动摩擦的影响,造成钢轨轨头快速剥落掉块,有的钢轨掉块直接构成重伤,有的影响探伤仪检测。工务维护单位通过频繁换轨解决轨头掉块,这样不但造成极大的维护成本投入,同时也会因为换轨不及时或检测不到位发生断轨。经过现场长期观察发现,曲线半径在1 600 m以上时这种因频繁制动产生的钢轨掉块问题较少。综合安全性、经济性的需要提出车站两端制动距离内曲线半径应不小于1 600 m。

专业管理意见4(P43):新建线路车站咽喉区不应设在重车方向大于5‰的下坡道上,改建线路车站咽喉区不应设在重车方向大于10‰的下坡道上。

意见解读:新建、改建铁路铺设跨区间无缝线路,车站咽喉的无缝道岔群设在重车方向下坡道上将会产生轨道的纵向位移和轨件爬行,严重影响道岔群的结构稳定。

专业管理意见5(P54):根据国铁集团工电部、建设部《关于青藏公司格库线尕斯湖站228道岔曲股焊缝折断的通报》(工电线路电〔2025〕5号),新建、改建铁路应使用闪光焊和气压焊替代铝热焊。

意见解读:近年来,铝热焊由于自身工艺和作业标准问题暴露的质量缺陷越来越多,严重影响运营安全。铝热焊焊缝强度低于母材易出现表面低塌凹陷问题,闪光焊和气压焊则克服了铝热焊的质量缺陷。且铝热焊探伤频次远高于闪光焊和气压焊,频繁的检查维护,增加了运营成本和维护工作量。

专业管理意见6(P63):隧道内和装卸散装货物线路应安装盖形螺母;扣件系统应使用防锈蚀材质的金属部件和弹条,防锈蚀等级应根据使用环境合理选择。

意见解读：随着钢轨大修周期的延长，近年扣件耐久性问题变得十分突出，特别是在潮湿气候或高腐蚀环境下，普通扣件锈蚀问题已严重影响钢轨固定。

专业管理意见 7（P71）：寒区应使用符合标准的轨下垫板。在年通过总质量大于或等于 50 Mt 线路的 $R \leqslant 1\ 600$ m 曲线地段应使用高耐磨轨下垫板，有条件时 $R > 1\ 600$ m 曲线地段和直线可使用高耐磨轨下垫板。在年通过总质量小于 50 Mt 线路的 $R \leqslant 800$ m 曲线地段应使用高耐磨轨下垫板，800 m$< R \leqslant 1\ 600$ m 曲线地段宜根据需要使用高耐磨轨下垫板，$R > 1\ 600$ m 曲线地段和直线可使用普通轨下垫板。

意见解读：轨下垫板的磨损影响扣件扣压力，个别异常磨损的垫板甚至改变了轨底坡，这些现象若不能及时消除将严重威胁行车安全，同时为了解决轨下垫板快速磨损的问题，需投入大量的维护成本、维修工时和管理精力。高耐磨垫板普遍采用复合材料制作，耐磨性能较常规垫板可延长使用寿命 2～3 倍。

专业管理意见 8（P77）：正线、到发线应采用Ⅲ型或Ⅳ型轨枕，其他线路应采用新Ⅱ型或Ⅲ型轨枕。驼峰小半径曲线应采用$Ⅲ_a$R-M 型轨枕。轨道电路区段应使用与线路轨枕同类型的混凝土电容轨枕和电气绝缘节轨枕。

意见解读：随着铁路在国民经济发展中的作用不断提升，货运增量带来的列车密度增大和牵引质量增加越来越考验轨道的稳定性，正线、到发线采用重型轨枕能够极大提升轨道刚度和稳定性。

专业管理意见 9（P84）：双线线间距不大于 5 m 地段两线间道砟应填平。

意见解读：双线地段 5 m 以下线间距两线间设置边坡和砟

肩堆高，不但在施工过程中浪费大量人工整形，而且运营后因列车振动，道床很难保持标准形状。线间设置平道床虽然会增加一部分石砟用量，但节省了大量的人工成本。

专业管理意见10（P102）：轨撑应采用弹性扣件。

意见解读：目前，轨撑无行业和企业标准，部分企业生产的轨撑采用刚性扣件，与无缝线路应使用弹性扣件的要求不一致。

专业管理意见11（P108）：下穿线路各类电缆距轨面垂直距离不得小于1 m且埋入路基面以下深度不小于0.5 m，严禁道岔全长及岔后12.5 m范围内下穿电缆。

意见解读：目的是保护电力、信号、通信等下穿电缆的安全，避免运营过程中机械作业造成损伤，同时预留一定未来设备升级改造条件。

专业管理意见12（P110）：调谐区钢轨不应设置焊缝和接头。

意见解读：处在调谐区的焊缝及接头如果出现问题，可能会出现断轨不显示红光带或影响轨道电路的正常使用。

专业管理意见13（P139）：客车径路固定型辙叉应采用非锰钢整铸辙叉，货车径路18号道岔应采用固定翼辙叉。

意见解读：锰钢整铸辙叉由于工艺原因影响舒适度。货运线路对舒适度要求较低，辙叉号数18号的道岔如果采用可动心轨虽然舒适度提高了，但增大了故障概率，同时增加了工程造价和运营维护成本。

专业管理意见14（P147）：道岔不应设在过渡段上。

意见解读：路桥、路隧、路涵等各种过渡段，不论使用何种填料，采用何种压实工艺，在运营后均会产生不均匀沉降。若道岔铺设在过渡段上，会随着下部地基的不均匀沉降产生形变,影响道岔正常使用,给行车安全带来隐患。

专业管理意见15(P153):与道岔连接的钢轨轨型及廓形应与道岔内钢轨一致。

意见解读:道岔结构复杂,若维护不精细易引发晃车,道岔岔首、岔尾接头(焊缝)处钢轨轨型不一致将导致列车运行时冲击力增大,廓形不一致将使行车条件恶化。

专业管理意见16(P157):应优先选用贝氏体材质的耐磨护轨。

意见解读:贝氏体材质的护轨耐磨性优于普通材质护轨2~3倍,虽然造价比普通材质护轨有所提高,但在运维阶段将减少大量更换护轨的人工投入。

专业管理意见17(P169):辙叉选用时慎重选用高锰钢焊接式合金钢组合辙叉。新铺设道岔辙叉优先选用合金钢辙叉,其次选择高锰钢辙叉,合金钢辙叉中优先选用合金钢镶嵌式组合辙叉。

意见解读:高锰钢焊接式合金钢组合辙叉工艺复杂,运用过程中的质量问题较多,在没有很好的解决方案前不建议采用。合金钢辙叉兼顾了平顺性和耐磨性,合金钢镶嵌式辙叉克服了普通合金钢辙叉翼轨快速磨耗的缺陷。

专业管理意见18(P175):绝缘接头宜采用浸塑绝缘弹条;应采取安装防松螺母、备帽、开口销等有效措施对道岔关键部位螺栓进行防松处理。道岔内缓冲垫板应使用高耐磨材质。

意见解读:使用浸塑绝缘弹条能够很好地防范绝缘接头混电问题。道岔内联结零件较多,重要部位配件如无防松措施将在运用中松动、脱落,引发设备故障,甚至严重的行车事故。轨下垫板的磨损影响扣件扣压力,磨损严重的甚至影响轨件受力状态,加之道岔内结构复杂,更换磨损轨下垫板是一项十分困难且浪费人工的作业。高耐磨垫板普遍采用复合材料制作，耐磨性能较常规垫板可延长 2~3 倍。

专业管理意见 19（P176）：混凝土Ⅱ型岔枕与混凝土Ⅲ型岔枕预埋套管不应混用，其配套使用的岔枕螺栓也不应混用。

意见解读：Ⅱ型和Ⅲ型岔枕预埋套管和岔枕，螺栓长度以及螺纹形状均不一致，混用易产生相关组件失效、岔枕裂纹等，影响道岔整体结构稳定。

专业管理意见 20（P180）：新建、改建铁路应使用新道岔铺设无缝道岔。

意见解读：利旧道岔的轨件、配件和岔枕性能都发生了不可逆的改变，即使进行整修也无法保证其性能满足铺设无缝道岔的要求。

专业管理意见 21（P181）：无缝道岔设置在 10‰及以上的下坡道时，应对道岔及其前后线路加强锁定并采取必要的防爬措施。

意见解读：因地形环境、文物保护等特殊情况，可能存在车站咽喉设置在行车方向超 10‰的下坡道上，这种情况下道岔在列车长期下坡作用下将产生纵向位移，如不采取控制措施将影响咽喉区无缝线路及无缝道岔稳定。

专业管理意见 22（P195）：道岔岔枕应按道岔设计图标准配置，岔枕间间距应严格执行设计图纸的要求，SC350 道岔岔枕心轨牵引点、双转第一牵引点、双转第二牵引点岔枕间距误差最大为+10 mm。

意见解读：SC350 型道岔铺设图双转第一牵引点和第二牵引点处轨枕间距为 660^{+10}_{0} mm，道岔在组装过程中由于受安装装置尺寸的影响，岔枕间距常不符合标准。特别是岔枕间距不足 660 mm 时易发生拉杆刮碰岔枕产生转换卡阻，该处过大的岔枕间距也将使轨距不良。

专业管理意见23(P198):道岔融雪设备的轨温传感器安装位置距尖轨尖端2~3 m,与轨底接触面无缝隙、固定牢固。道岔融雪设备的电加热元件过渡段距尖轨尖端距离不得小于100 mm,钢轨同侧纵向两相邻电加热元件间距应在100~200 mm之间,两根平行安装的电加热元件间应有不小于20 mm的间距。

意见解读:道岔融雪装置中的轨温传感器需与轨底无缝安装,融雪设备启用时,轨温传感器实时监测轨温变化,自动完成融雪设备启用、关停,保证冬季轨条温度处于可控温度,减少钢轨伸缩影响。道岔融雪加热元件距离尖轨尖端一定距离安装,主要是防止固定不牢出现道岔卡阻。钢轨同侧纵向两相邻电加热元件和两根平行安装电加热元件间的间距,主要是为了避免加热条受热膨胀、搭接而影响道岔密贴。

专业管理意见24(P199):道岔融雪设备安装在基本轨轨腰、轨底的电加热元件,两根轨枕间至少安装1个卡具。线间铺设的道岔融雪设备电源电缆不得外露,应埋设在道床下(深度不小于200 mm)。

意见解读:为保证在融雪设备启用时,安装在基本轨轨腰、轨底的融雪加热元件能够贴合轨腰,防止融雪元件受热膨胀导致道岔转换不密贴问题发生,需两根轨枕间至少安装1个卡具。线间铺设的道岔融雪设备电源电缆埋置道床下,主要是防止刮碰损伤。

专业管理意见25(P202):侧向行车较多的正线道岔、站线道岔,条件允许时应将绝缘设置在直股。新建线路绝缘接头不应设置在曲线上,必须设在曲线上时半径不宜小于1 200 m。

意见解读:一般情况下道岔内的绝缘设置在侧股,侧股受曲线半径的影响产生钢轨磨耗，钢轨磨耗后产生的铁屑极易混电，在不影响整个站区联锁关系的前提下，将道岔内绝缘设在直股对减少设备故障有积极的作用。线路上的绝缘接头不可避免地需设置在曲线上，但过小的曲线半径会导致钢轨侧面磨耗加剧，绝缘接头在曲线上时，随着钢轨侧面磨耗的增大，车轮轮缘将卡磨胶接绝缘夹板上沿，条件耦合时车轮甚至会爬上钢轨发生列车脱轨，经过运用观察，曲线半径为 1 200 m 及以上时钢轨磨耗速率能够确保在换轨周期内轮缘不卡磨胶接绝缘夹板。

附录二　引用规章标准目录

序号	类　别	名　　称	篇　别	页　　码
1	国家标准	《自动轨道衡》(GB/T 11885—2015)	线路篇	133~134
2	国家标准	《铁路线路词汇》(GB/T 36505—2018)	线路篇	4,50,54,56,73,78
			道岔篇	175
3	国家标准	《有砟轨道轨枕　混凝土枕》(GB/T 37330—2019)	线路篇	73~76
4	国家标准	《铁路工程术语标准》(GB/T 50262—2024)	线路篇	3~4,54,56,79,101
5	行业标准	《铁路无缝线路设计规范》(TB 10015—2012)	线路篇	51~52,53,95~100
			道岔篇	178~179
6	行业标准	《铁路电力牵引供电设计规范》(TB 10009—2016)	线路篇	129~130
7	行业标准	《铁路信号设计规范》(TB 10007—2017)	线路篇	108,109~110,115~116
			道岔篇	199~200,203
8	行业标准	《铁路轨道设计规范》(TB 10082—2017)	线路篇	5,6~9,16~18,51,52,53,54~55,76~77,79~95,101~102,103~104
			道岔篇	147,176,177
9	行业标准	《铁路线路设计规范》(TB 10098—2017)	线路篇	5~6,13~16,23~30,36~43

续表

序号	类　别	名　　称	篇　别	页　　码
10	行业标准	《铁路车站及枢纽设计规范》(TB 10099—2017)	线路篇	19~23,30~35,43~46,134
			道岔篇	138~139,147~150
11	行业标准	《铁路驼峰及调车场设计规范》(TB 10062—2018)	线路篇	35~36,47~49,119,121,122~123
12	行业标准	《铁路工程测量规范》(TB 10101—2018)	线路篇	104~106
13	行业标准	《铁路信号工程施工质量验收标准》(TB 10419—2018)	线路篇	110,116
14	行业标准	《驼峰车轮传感器通用技术条件》(TB/T 1864—2005)	线路篇	118
15	行业标准	《驼峰溜放车组测重设备通用技术条件》(TB/T 1866—2006)	线路篇	117
16	行业标准	《铁路碎石道砟》(TB/T 2140—2008)	线路篇	79
17	行业标准	《有砟轨道混凝土岔枕》(TB/T 3080—2014)	道岔篇	176
18	行业标准	《ZPW-2000 轨道电路技术条件》(TB/T 3206—2017)	线路篇	109,114
19	行业标准	《车辆减速器　第 2 部分:内撑式减速器》(TB/T 2845.2—2018)	线路篇	120~121
20	行业标准	《列车过分相系统车载控制自动过分相装置》(TB/T 3197—2018)	线路篇	129
21	行业标准	《铁路道岔转换设备安装技术条件》(TB/T 3508—2018)	道岔篇	182~186,187~188,196~197
22	行业标准	《铁路道岔转换设备　道岔外锁闭装置》(TB/T 3534—2018)	道岔篇	195

续表

序号	类别	名称	篇别	页码
23	行业标准	《电加热道岔融雪系统设备》(TB/T 3539—2018)	道岔篇	197~199
24	行业标准	《铁路信号计轴设备》(TB/T 2296—2019)	线路篇	116
25	行业标准	《车辆减速器　第1部分:钳夹式减速器》(TB/T 2845.1—2019)	线路篇	120
26	行业标准	《标准轨距铁路道岔》(TB/T 412—2020)	道岔篇	151~152,154~155,157,170~173,175,176,187,189
27	行业标准	《高锰钢辙叉》(TB/T 447—2020)	道岔篇	166~169
28	行业标准	《铁路道岔和交叉名词术语》(TB/T 1353—2020)	道岔篇	137,155~156,178
29	行业标准	《弹条Ⅰ型扣件》(TB/T 1495—2020)	线路篇	57,58~62,69,70,71
30	行业标准	《钢轨　第1部分:43 kg/m~75 kg/m钢轨》(TB/T 2344.1—2020)	线路篇	52
31	行业标准	《弹条Ⅱ型扣件》(TB/T 3065—2020)	线路篇	57,62~66,69,70,71
32	行业标准	《弹条Ⅲ型扣件》(TB/T 3570—2021)	线路篇	57,66~67,70~71
			道岔篇	174
33	行业标准	《铁路有砟轨道混凝土弹性轨枕》(TB/T 2629—2023)	线路篇	73
34	行业标准	《铁道货车超偏载检测装置》(TB/T 3096—2023)	线路篇	131~132
35	企业标准	《铁道车辆红外线轴温探测设备》(Q/CR 319—2014)	线路篇	123
36	企业标准	《铁道车辆运行品质轨边动态监测系统(TPDS)探测设备》(Q/CR 349—2014)	线路篇	125
37	企业标准	《铁道车辆滚动轴承故障轨边声学诊断系统(TADS)探测设备》(Q/CR 350—2014)	线路篇	125

续表

序号	类　别	名　　称	篇　别	页　　码
38	企业标准	《铁道货车故障轨边图像检测系统(TFDS)探测设备》(Q/CR 351—2014)	线路篇	124
39	企业标准	《混凝土岔枕用平垫圈》(Q/CR 488—2015)	道岔篇	175
40	企业标准	《铁路物流中心设计规范》(Q/CR 9133—2016)	线路篇	35,46~47
41	企业标准	《铁道车辆减速顶安装、运用、维修要求》(Q/CR 462—2017)	线路篇	102,122
42	企业标准	《弹条Ⅰ型扣件》(Q/CR 563—2017)	道岔篇	173~174
43	企业标准	《弹条Ⅱ型扣件》(Q/CR 564—2017)	道岔篇	174
44	企业标准	《钢轨使用规范》(Q/CR 583—2017)(含第1号修改单)	线路篇	50,51,53
			道岔篇	151
45	企业标准	《客货共线有砟轨道小阻力扣件》(Q/CR 671—2018)	线路篇	58,68~69,70,71
46	企业标准	《标准轨距铁路道岔型号》(Q/CR 787—2020)	道岔篇	137,146
47	企业标准	《铁路道岔外锁闭装置》(Q/CR 818—2021)	道岔篇	196
48	企业标准	《铁路道岔转换设备安装技术条件》(Q/CR 848—2021)	道岔篇	186~187,190~194,197
49	企业标准	《合金钢组合辙叉》(Q/CR 595—2022)	道岔篇	157~166
50	企业标准	《铁路旧轨使用和整修技术条件》(Q/CR 407—2024)	线路篇	52
51	标准性文件	《30吨轴重重载道岔暂行技术条件》(TJ/GW 107—2013)	道岔篇	153
52	标准性文件	《动车组运行故障图像检测系统(TEDS)轨边设备安装暂行技术要求》(TJ/CL 255A—2013)	线路篇	127~128
53	标准性文件	《27吨轴重重载道岔暂行技术条件》(TJ/GW 137—2015)	道岔篇	152~153

续表

序号	类　别	名　　称	篇　别	页　　码
54	标准性文件	《铁路客车故障轨旁图像检测系统（TVDS）探测站设备暂行技术条件》（TJ/CL 399—2015）	线路篇	126
55	技术规章	《跨区间无缝线路道岔焊接、冻结技术条件》（运基线路〔2004〕354 号）	道岔篇	179,180~181
56	技术规章	《铁路技术管理规程（普速铁路部分）》（TG/01—2014）（铁总科技〔2014〕172 号）	线路篇	5,43,55,134
			道岔篇	147
57	技术规章	《普速铁路信号维护规则　技术标准》（TG/XH 101—2015）（铁总运〔2015〕238 号）	线路篇	107~108,109,110~114,114~115
			道岔篇	188,189~190,194,195,198,201~202,203
58	技术规章	《铁路技术管理规程（普速铁路部分）》（TG/01A—2017）（铁总科技〔2017〕221 号）	道岔篇	139
59	技术规章	《普速铁路线路修理规则》（TG/GW 102—2019）（铁总工电〔2019〕34 号）	线路篇	52,100
60	技术规章	《轨道部件使用规定》（TG/GW 284—2021）（铁工电〔2021〕38 号）	线路篇	9~12
61	技术规章	《普速铁路线路修理规则补充规定》（TG/GW 102A—2022）（铁工电〔2022〕78 号）	线路篇	53
62	技术规章	《铁路道岔使用规定》（TG/GW 223—2025）（铁工电〔2025〕14 号）	道岔篇	140~145
63	专业管理要求	《国铁集团工电部关于加强设置抑尘剂、防冻液喷洒设备地段线路设备维护管理工作的通知》（工电线路函〔2019〕30 号）	线路篇	132~133

附录三　一心扑在线路上、一丝不苟严要求、一分钱掰成两半花——孙家精神

孙家线路工区位于大郑线 K121+925。1948 年 2 月，刚刚经历战争洗礼的 10 公里线路，满眼都是钢轨曲曲弯弯、枕木七扭八歪、路基凹凸不平的景象。孙家工区“十八条好汉”发出了“人翻身，路也要翻身！”的豪言壮语，他们以战天斗地的英雄壮举，谱写了“一心扑在线路上、一丝不苟严要求、一分钱掰成两半花”的孙家精神。

1963 年 10 月 28 日，时任铁道部副部长吕正操来到孙家线路工区，感叹道：“风雨摧残，列车碾压，在这么长的线路上保持两根钢轨之间的误差窄不过发丝，宽不过韭叶，这需要多少汗水啊！”也正是在这一天，一面绣有“大郑线上好工区”的金字锦旗被吕副部长亲手交到了孙家人手中。

70 多年来，一代代孙家人秉承优良传统，不断用坚韧和执着丰富孙家精神的时代内涵。站在铁路改革发展新的历史进程中，孙家人将继续践行初心使命，严格工作标准，谱写铁路职工责任至上、永争一流的时代赞歌。

附录四　不等不靠、苦干实干
——三十三精神

三十三线路工区位于通让线 K140+500。20 世纪 60 年代，老一代通让线上的三十三人在这穿越千里沙丘碱滩的铁道线，战天斗地，整治冻害，以汗水换质量，确保线路安全，保障了大庆原油运输的畅通无阻，缔造了“不等不靠、苦干实干”的创业精神。

第二代三十三人坚持在老一辈“三平、四准、八条线”质量标准的基础上，结合实际确定了“基础病害攻重点、薄弱设备抓提高，创优质、站排头、争一流”的维修理念，确保线路动静态检查全部优秀，带动通让线设备质量的全面提升。

进入 21 世纪以来，三十三人面对铁路新形势，坚持以人为本，狠抓管理、设备、人员素质创新，全面提升管理质量，大力继承弘扬三十三精神，不断开拓进取、与时俱进，以一流的管理、一流的设备、一流的人员素质不断锐意创新。

几代三十三人秉承“不等不靠、苦干实干”精神，凭借着对铁路事业的忠诚和热爱，在不同历史时期，彰显着铁路工务人的淳朴和勇气，也更好诠释了铁路人对国家、对社会、对人民的责任担当。

后　记

祖国广袤大地上，纵横延伸的钢轨仿佛铁路发展的钢铁血脉，贯通各个角落。

新中国成立后，铁路发展踏上了波澜壮阔的征程，老一辈沈铁工务人在艰苦的环境中无私奉献、默默坚守、勇于实践，不断凝结而成的“孙家精神”“三十三精神”久久激荡。

曾经，这些精神坐标是激情荡漾、平凡担当、技术攻坚的不竭驱动。如今，更成为新时代铁路人代代传承的红色基因。

钢轨的每一米延伸，都是精神的刻度。今天是昨天的接续，明天是今天的传承。沈铁广大工务工作者将永远铭记、赓续、弘扬工务精神，奋力谱写沈铁现代化建设的崭新篇章。

沈阳工务段

王思文

常用单位换算

1 米/秒(m/s)= 3.6 千米/时(km/h)

1 吨(t)= 1 000 千克(kg)

1 巴(bar)= 100 000 帕(Pa)= 100 千帕(kPa)= 0.1 兆帕(MPa)

1 米^2(m^2)= 100 分米^2(dm^2)= 10 000 厘米^2(cm^2)

1 千牛(kN)≈101.97 千克力(kgf)

1 兆帕(MPa)≈10.197 千克力/厘米^2(kgf/cm^2)

注释:

1. 数字后为单位的中文符号,括号中为单位符号。

2. 带下划线的单位既不是 SI 单位,也不是我国法定计量单位,这里仅用于展示单位换算关系。推荐使用 SI 单位和我国法定计量单位。

记　事